Israel · Sport mit Senioren

Heidelberger Wegweiser

Wegweiser Gesundheit

Siegfried Israel

Sport mit Senioren

Hüthig Verlag Heidelberg

J. A. Barth Verlag Heidelberg · Leipzig

Autor

Prof. Dr. med. Dr. paed. **Siegfried Israel**
Richard-Wagner-Str. 12
04109 Leipzig

Die Deutsche Bibliothek - CIP-Einheitsaufnahme

Israel, Siegfried:
Sport mit Senioren : mit 3 Tabellen / Siegfried Israel. -
Heidelberg : Hüthig, 1995
ISBN 3-7785-2453-4

Satzerstellung: Helmut D. Schilb, Halle/Saale
Druck und Verarbeitung: Kösel GmbH & Co, Kempten
ISSN 0931-0959
ISBN 3-7785-2453-4

Vorwort

Ein vertrautes Klischee identifiziert den alten Menschen mit Schwäche, Steifheit und Verlangsamung. Daraus folgt ein Leben mit Einschränkungen. Die Fähigkeit, sich uneingeschränkt bewegen zu können, spielt jedoch eine Schlüsselrolle für die Lebensqualität alter Menschen.

Das Altern unterliegt einem genetisch determinierten Programm. Die Lebensbedingungen und die Lebensweise unterscheiden jedoch darüber, wie die im Erbgut fixierte Vorgabe des vieldimensionalen Alterns realisiert wird. Für ein „erfolgreiches" Altern, d. h. für die Verwirklichung der genetischen Voraussetzungen, stellt die Nutzung des massigsten Organsystems des Körpers, der Arbeitsmuskulatur, eine bedeutende Dimension dar. Der Mensch ist in seinem Aufbau nicht für die Ruhe, sondern für einen ständigen Wechsel von Bewegung und Ruhe ausgelegt. Das „konstruktionsgerechte" Bewegungsverhalten ist wesentlich für die Stabilität des Gesamtsystems; die „Bedienungsvorschrift" des menschlichen Organismus verlangt den bezugsgerechten Gebrauch der Ausstattung, sie fordert die altersgemäße motorische „Grundversorgung" ein. Das gilt nicht nur für Kinder, bei denen ein innewohnender Bewegungsdrang die entwicklungsfördernde Muskelaktivität sichert; auch im Leben alter Menschen muß die körperliche Aktivität ihren maßgerechten Platz haben. Für jedes Lebensalter gelten die Prinzipien: Übung stärkt, Untätigkeit schwächt sowie Förderung durch Forderung.

Bereits in der griechischen Antike war wohlbekannt, daß körperliche Untätigkeit ein Wegbereiter für das vorzeitige Altern sei und daß dem durch Bewegung entgegengewirkt werden müsse. Als prominenter Vertreter des Alterssports sei Goethe genannt; er vertrat u. a. die Auffassung, „daß Schlittschuhlaufen stokkendes Alter abzuwehren geneigt ist". Die positive Erfahrung mit dem Alterssport ist keinesfalls eine Sache unserer Zeit. In der Gegenwart geht es jedoch darum, die Empirie durch eine wissenschaftlich-begründete Argumentation zu ergänzen und das Angebot für ein praktisches Herangehen so zu präzisieren, daß eine hohe Wirksamkeit, verbunden mit einem minimalen Risiko, gewährleistet ist.

Die demographische Entwicklung zeigt einen beeindruckenden Strukturwandel im Bevölkerungsaufbau in der Weise, daß infolge einer ansteigenden Lebenserwartung die Anzahl der alten Menschen ständig zunimmt.

Die Frage, wie mit dem Altern und dem Alter richtig umzugehen ist, berührt den einzelnen ebenso wie die Gesellschaft. Da der Bewegungsmangel und das Altern in ihren Auswirkungen zahlreiche Übereinstimmungen aufweisen, sind der Sport wie die Trainingswissenschaft und die Sportmedizin aufgerufen, begründete Empfehlungen für eine optimale Gestaltung des Bewegungsregimes für ältere und alte Menschen zu geben.

Die zweckmäßige körperliche Aktivität vermittelt Fitness und Vitalität, sie ist gerichtet auf eine gute Leistungsfähigkeit und Funktionstüchtigkeit, auf Gesundheitsstabilität, Widerstandsfähigkeit, Belastbarkeit, Erholungsvermögen und Wohlbefinden.

Die angesprochene Thematik impliziert die Ansätze Sport und Altern sowie Sport im Alter. Die Lösung ist nicht auf eine einfache Formel und eine genormte Empfehlung zu bringen. Es darf aber mit der Umsetzung in die Praxis nicht gewartet werden, bis jedes Detail geklärt ist. Der alte Mensch bleibt körperlich anpassungsfähig, solange er belastbar ist; durch eine zustandsgerechte Bewegungsaktivität gelingt eine positive Beeinflussung der Situation. Es gilt das Prinzip „es ist nie zu spät".

Beim Alterssport geht es nicht allein um die Absicht, das gesundheitsbezogene Gefährdungspotential herabzusetzen, Beschwerden zu lindern oder die körperliche Sicherheit zu erhöhen. In die Aktivität ist die psychische Rückkopplung eingebunden; es geht um die Körpererfahrung und die Selbstwahrnehmung, um das Erleben größerer Aktionsfreiheit und um das Bewußtsein, die irdische Schwerkraft gut zu beherrschen. Vielfach ist mit dem Sporttreiben auch Geselligkeit und Abwechslung verbunden. Im Alterssport zählt nicht nur das Ergebnis, sondern ebenso das Erlebnis.

Auf dieser Basis soll der vorgelegte Band Zusammenhänge zwischen Bewegungsverhalten und Gesundheitsstabilität im umfassenden Sinne im Alter vermitteln; es werden Lösungswege begründet und gewiesen, und es werden Empfehlungen für das Herangehen in der Praxis gegeben.

Die Darlegungen sollen dem alten Menschen zeigen, wie im fortgeschrittenen Lebensalter mit dem Körper bewegungsmäßig gut umgegangen werden kann, so daß ein persönlicher Gewinn eintritt. Dem Übungsleiter und dem Betreuer alter Menschen sind die Ausführungen sportmedizinischer und sportmethodischer Berater und Helfer. Dem praktischen Arzt, dem Sportmediziner und dem Gerontologen soll die Ausarbeitung zur Anregung und zum Nachschlagen dienen. Dem Sportfunktionär ist das Buch eine Hilfe bei der Organisierung des Alterssports. Der interessierte Sportstudent kann aus dem Inhalt Nutzen für sein Studium ziehen.

Dem Johann Ambrosius Barth Verlag und besonders Frau Lektorin H. Zscherp sei für die tatkräftige Unterstützung herzlich gedankt.

Leipzig, im August 1995 Siegfried Israel

Inhalt

1 Einleitung

Das Altern gehört zum genetischen Programm aller Lebewesen, den Menschen eingeschlossen; es ist ein naturgesetzlicher Prozeß. Das Altern ist ein Urphänomen des Lebens, und es ist somit individuelles Schicksal. Alternsprozesse erfolgen auf allen Ebenen des Körpers. Diese Hierarchie reicht vom Organismus über Organsysteme, Organe, Gewebe und Zellen bis zu den subzellulären Strukturen.

Bereits 1973 gab es über 200 Antworten auf die Frage, warum der Mensch körperlich altert; es fehlt nicht an Hypothesen. Eine solche Situation ist ein untrügliches Indiz dafür, daß trotz umfangreicher Detailkenntnisse noch beträchtliche Unklarheiten über die Vorgänge des Alterns existieren. Damit verbunden sind vielfältige begriffliche Unsicherheiten und Unbestimmtheiten.

Das **Altern** und das **Alter** haben sich in wenigen Jahrzehnten zu einer bedeutenden Richtung der Wissenschaft und Praxis entwickelt. Die einschlägigen Erkenntnisse berühren in zunehmendem Maße auch die Sportmedizin und Sportwissenschaft, da die Gerontologie Erscheinungen beschreibt und erklärt, die die körperliche Leistungsfähigkeit angehen und die durch eine systematische körperliche Ertüchtigung beeinflußt werden können.

Über die Frage, wann das Altern des Körpers einsetzt, gibt es in der Wissenschaft keinen einheitlichen Standpunkt. Es wird einerseits die Position vertreten, daß das Altern mit der Geburt (oder schon mit der Konzeption) beginnt, andererseits gibt es die Auffassung, daß vom Altern gesprochen werden sollte, wenn das körperliche Höchstleistungsalter überschritten worden ist und sich erkennbare Rückbildungserscheinungen ausprägen.

Für Fragestellungen im Zusammenhang mit körperlich-sportlichen Aktivitäten ist es geboten, sich vorrangig den Standpunkt des Alterns im engeren Sinne zu eigen zu machen, d. h., den Beginn des Alterns zu einem Zeitpunkt der Individualentwicklung anzusetzen, zu dem das sogenannte Höchstleistungsalter überschritten ist. In den Sportverbänden gelten in der Regel Männer, die das 32. Lebensjahr überschritten haben, als „alte Herren", und Frauen nehmen es als selbstverständlich hin, daß sie mit der Vollendung ihres 28. Lebensjahres den „alten Damen" zugerechnet werden. Etwa mit dem 30. Lebensjahr werden alternsbedingte Rückbildungsvorgänge objektivierbar, und der Verfügbarkeitsrahmen körperlicher Lebensvorgänge und Lebensäußerungen wird geringer.

Die in das Altern eingebundene körperliche Negativentwicklung wurde oftmals ausschließlich mit naturgesetzlich ablaufenden Alternserscheinungen in Verbindung gebracht. Tempo und Verlauf der Alternsprozesse hängen jedoch zweifelsfrei mit einem gewissen Spielraum auch von Umweltfaktoren und vor allem von der Lebensweise, d. h., vom eigenen Verhalten ab. Jede Verabsolutierung der Aussage, daß am Altern nicht zu ändern sei, ist falsch; sie wäre ein Ausgangspunkt für Pessimismus oder gar Nihilismus in bezug auf eine aktive Beeinflussung von Alternsvorgängen, so wie diese sich gegenwärtig bei der Bevölkerung manifestieren. Zweifellos ist eine Negativentwicklung des Körpers beim Altern die Realität, und doch ist Alter und Altern, wie alltägliche Erfahrungen und Beobachtungen zeigen, zu relativieren.

Die Position, daß das Altern ausschließlich Abbau bedeutet, ist ebenso ein Klischee wie der Standpunkt, daß das Altern stets mit Schwäche, Steifheit und Verlangsamung verbunden ist. Auch nach dem Höchstleistungsalter kann der Mensch gemäß seinem Verhalten an Körperlichkeit gewinnen oder verlieren. Lebensalter und Leistungsalter müssen nicht übereinstimmen! Ein solcher Befund drückt sich im Alltag auch darin aus, daß von „alten Jungen" ebenso wie von „jungen Alten" gesprochen wird.

Der alternde Mensch bleibt adaptabel an körperformende Stimuli. Ohne Frage wird die Adaptabilität mit ansteigendem Lebensalter geringer, aber sie bleibt selbst beim betagten Menschen bis zu einem gewissen Grade erhalten. Das Altern, dessen Ergebnis das Alter ist, muß als ein multifaktorieller Vorgang aufgefaßt werden, das nicht nur eine einzige Ursache hat. Die sozialen Schlußfolgerungen, die sich aus einer solchen Haltung gegenüber dem Altern ergeben, sind offensichtlich. Ob die Bevölkerung im Alternsgang körperlich aktiv bleibt oder sich auf eine körperliche Hilfsbedürftigkeit zubewegt, ist von hoher gesellschaftlicher Bedeutung. Deshalb haben alle Maßnahmen, die den vorgegebenen Alternsrahmen zur positiven Seite hin ausschöpfen, nicht nur eine humanitäre, sondern auch eine gesellschaftliche (einschließlich ökonomische) Reichweite. Es ist das Anliegen der Gesellschaft, über eine möglichst leistungsfähige und gesunde alte Bevölkerung zu verfügen.

Eine bedeutende Rolle bei der Entwicklung einer Leitvorstellung über die Zusammenhänge von Muskelaktivität und Altern spielt die Feststellung, daß die Arbeitsmuskulatur das mit Abstand massigste Organ ist und daß praktisch alle anderen Organe gewissermaßen in ihrem Dienst stehen. Das betrifft durchgehend auch die vegetativ gesteuerten Organe. Kein physiologischer Stimulus ist in seiner Anpassungswirksamkeit in Ausmaß und Komplexität mit der Muskelaktivität vergleichbar. Der Gebrauch der Muskelfunktion modifiziert adaptiv organismische Strukturen und Funktionen in vielfältiger Weise. Alle diese Modifikationen im Sinne der Adaptation steigern die Fähigkeit des Systems, Störungen zu kompensieren; sie erhöhen somit seine Beanspruchbarkeit. An einzelnen Organen stellen sich die bewegungsinduzierten Adaptationen als Vitalisierung (Revitalisierung) dar; bei älteren Sporttreibenden entspricht die Funktionstüchtigkeit der von jungen Personen, die bewegungsarm leben.

Die motorisch bedingten Adaptationen an einzelnen Organen sind auch der Entwicklung der Mehrzahl sogenannter „Alterskrankheiten", die ihrerseits das Altern wiederum befördern, entgegengerichtet (Osteoporose, Lungenemphysem, Glukosetoleranzstörung u. a.). Von diesem Betrachtungsstandpunkt aus ergeben sich auch gezielt präventive und kurative Leitvorstellungen für den Einsatz des Trainings in der Gerohygiene und Geriatrie. Es ist unübersehbar, daß Menschen, die sehr alt geworden sind, häufig ein körperlich aktives Leben geführt haben. Eine große Zahl alter und im Alter leistungsfähiger Menschen findet sich z. B. im Hochgebirge (Kaukasus, Himalaja, Anden), wo u. a. der Zwang zu ständigem Steigen, womöglich mit Lasten, erhebliche körperliche Anstrengungen mit sich bringt. Auch Alterssportler, Artisten oder Bergführer belegen, daß Alter nicht unbedingt mit körperlicher Schwäche gleichgesetzt werden muß (auch wenn man sich davor hüten muß, positive Einzelbeispiele zu verallgemeinern). Ein themenbezogener Ansatzpunkt findet sich überall dort, wo die typischen Wirkungen der körperlichen Aktivität ebenso typischen Alternsveränderungen entgegengerichtet sind. Das ist tatsächlich in vielen Körperbereichen der Fall. Als Beispiel seien an dieser Stelle lediglich zwei übergreifende Effekte eines körperlichen Trainings kurz genannt:

- Ein kraftorientiertes Training vergrößert (bzw. erhält) adaptiv das Kraftpotential der Arbeitsmuskulatur; Alternsvorgänge sind dagegen durch eine allgemeine Schwächung sowie durch eine Herabsetzung der Muskelkraft gekennzeichnet. Eine gute körperliche Leistungsfähigkeit ist aber gerade im Alter nicht allein von hoher physiologischer, sondern gleicherweise von psychischer und sozialer Bedeutung.

- Ein Ausdauertraining verbessert die Sauerstoffbilanz der Körpers, indem es adaptiv die O_2-aufnehmenden, -transportierenden und -verwertenden Strukturen entwickelt. Das Altern dagegen ist eindeutig durch eine Verschlechterung des O_2-Haushaltes des Körpers charakterisiert. Ein Sauerstoffmangel der Körpergewebe fördert wiederum die Ausprägung von Alternserscheinungen. Eine adaptive Aufbesserung des Sauerstoffhaushaltes des Körpers durch ein Ausdauertraining vermag damit in einem für die körperliche Leistungsfähigkeit und für das Altern sehr stichhaltigen organismischen Bereich einen Teufelskreis (eine positive Rückkopplung) zu unterbinden.

Derartige **bewegungsbedingte Adaptationen, die sich im einzelnen geradezu beliebig erweitern ließen, üben eine „Bremswirkung" auf Alternsprozesse aus.** Ihre Abwesenheit dagegen hat einen fördernden Effekt auf die Vorgänge des Alterns.

Die den Gesamtorganismus erfassenden bewegungsbedingten Adaptationen sind selbstverständlich kein einfacher Antagonismus zu den naturgesetzlichen Alternsprozessen. Phänomenologisch kann ein solcher Antagonismus jedoch beeindruckend in Erscheinung treten. Mehrere der nachfolgend dargestellten Ergebnisse sind ein Beleg dafür. Der Einsatz der Mittel und Methoden des sportlichen Trainings hemmt den Leistungs- und Funktionsrückgang. Wenn der Mensch zwischen dem 20. und dem 70. Lebensjahr 40 Prozent seiner Arbeitsmuskulatur einbüßt, so ist diese Schwächung überwiegend die Konsequenz der aus dem Nichtgebrauch resultierenden Hypotrophie. **Die „Altersschwäche“ hat somit eine maßgebliche verhaltensbedingte, d. h. soziale Komponente.**

Eine unangemessene körperliche Schonung begünstigt Alternsveränderungen. Die Folgen des Bewegungsmangels weisen Analogien zum Altern auf. Die Bewegungsarmut führt über ein Adaptationsdefizit zu funktionellen Einschränkungen des Organismus; die körperlichen Reserven stellen sich dabei verringert dar.

Der Bewegungsmangel, die körperliche Unterforderung, ist inzwischen als ein Risikofaktor im Zusammenhang mit dem Auftreten und dem Fortschreiten zahlreicher chronisch-degenerativer und auch akuter Erkrankungen identifiziert worden. Andererseits gilt es als sicher, daß Erkrankungen, akute wie chronische, die Ausprägung von körperlichen Aufbrauchprozessen (und damit auch Alternsvorgängen) unterstützen. Gesundheit und Krankheit spielen für den Ablauf von Alternsprozessen fraglos eine zentrale Rolle. Die gute (trainingsabhängige) körperliche Leistungsfähigkeit gilt als ein Symbol der Gesundheit. Ältere Sporttreibende fühlen sich nach ihren eigenen Angaben „gesünder“. Derartige Urteile körperlich Aktiver auf der Grundlage subjektiver Kriterien sind nicht zu unterschätzen.

Die adaptiven Veränderungen, die ein sportliches Training am Organismus „im besten Alter“ bewirkt, sind untersucht. Dagegen gibt es für die wissenschaftliche Bearbeitung von

Fragen, die mit der Thematik „Sport im Alter“ zusammenhängen, gegenwärtig noch kein ausgeprägtes Interesse. Die Auswirkungen eines sportlichen Trainings auf die körperliche Leistungsfähigkeit und die organismische Funktionstüchtigkeit bei Menschen nach dem körperlichen Höchstleistungsalter sind somit noch weitgehend eine wissenschaftliche „Grauzone“. Das ist insofern verwunderlich, weil Maßnahmen zur Förderung von Gesundheit, Leistungsfähigkeit, Wohlbefinden und Lebenszufriedenheit für ältere und alte Menschen als eine gesellschaftliche Zielstellung immer wieder betont werden.

Eine gute körperliche Leistungsfähigkeit, die prinzipiell in jedem Lebensalter erreichbar und trainierbar ist, gilt als eine wesentliche Komponente des niedrigen biologischen Alters und auch der stabilen Gesundheit. In diesem Fall ist die körperliche Sicherheit gesteigert und die organismische Störanfälligkeit herabgesetzt. „Krank“ bedeutet (ebenso wie „alt“) vielfach körperlich schwach und leistungsunfähig, und die Gesundung wird wahrgenommen an der Wiederkehr der „Kräfte“. Der Zusammenhang zwischen körperlicher Leistungsfähigkeit (als dem Resultat von Trainingswirkungen) und Gesundheit sowie biologischem Alter ist offensichtlich relativ fest.

Die Suche nach den Komponenten, durch die der alternde und alte Mensch in körperliche Grenzbereiche gerät, weist vor allem in die Richtung einer herabgesetzten körperlichen Leistungsfähigkeit mit dem generellen Adaptationsdefizit, das dieser zugrunde liegt und das alle Regionen und alle hierarchischen Ebenen des Körpers betrifft.

Das Altern hat eine dispositionelle und eine expositionelle Seite; **Erbe** und **Umwelt**, **Inneres** und **Äußeres**, **Biotisches** und **Soziales** manifestieren sich in diesem Prozeß in ihrer dialektischen Einheit. Aus dieser Feststellung leiten sich auch zahlreiche weltanschauliche Fragen ab. Bewegung, Spiel und Sport als soziale Phänomene stellen einen wichtigen Wirkfaktor bei der Verlängerung der aktiven Lebensperiode dar.

Das regelmäßige Sporttreiben ist inzwischen kein Privileg der Jugend mehr. Die Motivation zum Sporttreiben ist bei älteren Menschen vielfältig. Es kann aber in jedem Fall davon ausgegangen werden, daß eine angemessene körperliche Aktivität Alternsvorgänge mildert und verzögert (wenn die Verhältnisse bei der nicht sporttreibenden Population als Bezug gewählt werden). Eine solche Position resultiert nicht nur aus Fallstudien und epidemiologischen Analysen, sondern auch aus der Tatsache, daß Bewegungsmangelfolgen und Alternsvorgänge eine Reihe gemeinsamer Merkmale aufweisen. Hier setzt die „Entlastungshypothese" des Alterns an. Nichtgebrauch von Strukturen und Funktionen führt zu deren Schwächung auf der Basis einer Inaktivitätsatrophie. Ein schlechter körperlicher Zustand ist unter den gegenwärtigen Lebensbedingungen nicht selten die Konsequenz von Bewegungsmangel und körperlicher Bequemlichkeit mit dem damit assoziierten Adaptationsverlust organismischer Strukturen, Funktionen und Wechselwirkungen. Die „Reservekraft" ist unter solchen Bedingungen herabgesetzt, was sich namentlich bei älteren Menschen in der Auseinandersetzung mit den verschiedensten Einflüssen manifestiert.

Leistungsphysiologische Gesichtspunkte spielen bislang in der Gerohygiene noch eine untergeordnete Rolle. Es besteht andererseits aber Einigkeit darüber, daß der Bewegungsmangel die Ausprägung von Alternszeichen unterstützt und daß gerade das Leben im Alter durch eine angemessene körperliche Aktivität gekennzeichnet sein sollte. Die Bewegung in adäquater Form und Dosierung erweist sich als ein probates Mittel in der langfristigen

Vorbereitung auf ein gesundes, aktives, langes Leben.

Eine regelmäßige körperliche Aktivität hat nachhaltige Auswirkungen auch auf psychische und intellektuelle Funktionen. Die Effekte körperlicher Aktivität sind äußerst komplex, und sie erfassen den ganzen Menschen. Sie gehen deutlich über den medizinisch-physiologischen Nutzen hinaus.

Bei Muravov heißt es wörtlich: „Die Tatsachen, die von der besonderen Bedeutung der Muskeltätigkeit als Voraussetzung für ein langes und aktives Leben zeugen, bedeuten einen großen Erfolg der Gerontologie, einen Durchbruch der 'Wissenschaft über das Altern und die Langlebigkeit', die zum ersten Male eine reale Möglichkeit gefunden hat, die von der Natur gesteckten Grenzen des menschlichen Lebens vollwertig zu nutzen." Tatsächlich wird eine solche Position, wenn auch nicht in jedem Fall derartig pointiert, seit etwas mehr als einem Jahrzehnt von der Gerontologie vertreten. Das Sprichwort faßt diesen Standpunkt kurz und bündig in solche Kernsätze wie „Wer rastet, der rostet" oder „sich regen bringt Segen". Weitgehend falsch ist die Annahme, daß beim Menschen primär ein bestimmtes Quantum an „Lebenskraft" vorhanden ist, das man einteilen muß. Es ist im Gegenteil so, daß das vorhandene Potential nur durch adäquate Anforderungen voll genutzt und entwickelt wird. „Die Kunst, das Leben zu verlängern, das ist die Kunst, es nicht zu verkürzen." Unter diesem Aspekt ist der angemessene Einsatz der Arbeitsmuskulatur eine Möglichkeit, die genetisch vorgegebene maximal erreichbare Lebensdauer stärker auszunutzen.

Bis vor nicht allzu langer Zeit bedeutete „Alter" körperliche Schwäche und verlangsamte Reaktion; ältere Menschen erschienen für starke körperliche Aktivitäten oder gar Sport ungeeignet. Um alternde und erst recht um alte Menschen wurde ein Schonungsritual aufgebaut. Zweifellos ist für ältere Menschen auch mitunter körperliche Schonung bzw. eine längere Erholungspause angebracht; es geht hier um das Problem der Dosierung. Heute gilt, daß ein adäquater Wechsel von Beanspruchung (körperlich, psychisch, intellektuell) und Erholung ein Mittel der Wahl in der rechtzeitig beginnenden Geroprophylaxe ist. Muravov fragt: „Kennen wir ein Mittel, das in der Lage ist, auf den Verlauf des Alternsprozesses des Organismus Einfluß zu nehmen, indem die Entwicklung des vorzeitigen Alterns verhütet wird?" Er selbst gibt darauf sofort die Antwort wie folgt: „Die Medizin kennt nur ein solches Mittel, nämlich Körperübungen. Inmitten von Tausenden von Arzneimitteln, Präparaten und biologisch aktiven Stoffen, die das Arsenal der modernen Medizin bilden, gibt es nicht ein einziges, das in Bezug auf den Bereich seiner Wirkung mit den Körperübungen irgendwie konkurrieren könnte." Mit diesen Worten eines prominenten Gerontologen ist die Hauptzielrichtung der vorgelegten Einsichten noch einmal charakterisiert. Aus dieser Grundposition heraus ergeben sich zahlreiche Einzelfragen, die der Beantwortung bedürfen und deren soziale Bedeutung unübersehbar ist.

2 Ausdauer

Jede körperliche Tätigkeit hat ihren unverwechselbaren und nicht austauschbaren Gesundheits- und Befindenswert für alte Menschen. Die Ausdauer hat die größte Stichhaltigkeit für die Gesundheit, und sie nimmt unter den körperlichen Fähigkeiten nach wie vor eine Sonderstellung ein.

Unter Ausdauer wird die Widerstandsfähigkeit gegen Ermüdung verstanden.

Die Durchführung von Ausdauerübungen löst eine innere Resonanz im Körper aus; es bleibt praktisch kein Bereich unberührt, der Körper wird bei ausdauernden Belastungen buchstäblich durchgerüttelt. Die Besonderheit der Ausdauer besteht darin, daß die inneren Organe (Herz, Kreislauf, Atmung usw.) als Versorgungssysteme an die Ansprüche der Muskulatur angepaßt werden müssen; die inneren Organe müssen anspruchsgerecht an das Muskelsystem angekoppelt und entsprechend der jeweiligen Anforderung stimuliert werden. **Die Ausdauer ist somit ausgezeichnet durch eine gesetzmäßige Kopplung zwischen Muskulatur und inneren Organen.** Die Ausdauer bürgt auch für die Ausprägung einer positiven Kreuzadaptation (s. Kap. 13).

Unter den vielfältigen Anpassungen an regelmäßige Ausdaueranforderungen spielt die Aufbesserung der gesamten Kette von Sauerstoffaufnahme, -transport und -verwertung eine abgehobene Rolle (s. Kap. 7, 8). Die Sauerstoffbilanz verschlechtert sich gesetzmäßig im Alter.

Die ausdauerbedingten Anpassungen können diesen Prozeß verzögern und mildern. Die Anforderungen an die Ausdauer fördern die Sauerstoffaufnahme durch die Lungen, sie verstärken den Sauerstofftransport durch Herz und Kreislauf, und sie erhöhen die Fähigkeit der Körpergewebe, den antransportierten Sauerstoff abzunehmen und bedarfsgerecht zu verwerten. Ausdauertraining bedeutet u. a., daß alle Stationen, die der Sauerstoff auf seinem Weg durch den Körper nimmt, profitieren.

Andererseits verschlechtert Altern und Bewegungsmangel den Sauerstoffstatus des Körpers unverhältnismäßig stark, so daß relativ frühzeitig die kritische Grenze erreicht wird, bei der von Hypoxämie (O_2-Untersättigung des Blutes) und Gewebshypoxie (ungenügendes O_2-Angebot für die Körpergewebe) gesprochen werden kann. Eine solche Situation der alternsbedingt gedrosselten Sauerstoffzufuhr fördert die weitere Gewebsalterung und macht auch erkrankungsanfällig (O_2-Mangelkrankheiten). Vielfach ist dieser Zustand unter Ruhebedingungen nicht beeindruckend, aber er wird schon bei geringer Belastung manifest. Der Luftmangel leistet dann Schrittmacherdienste für Alternsvorgänge. Wer Alternsprozesse aufhalten will, muß bedacht sein auf den Erhalt aller Voraussetzungen für einen ungestörten aeroben Stoffwechsel. Die über die Ausdauer erwerbbare Verbesserung des Sauerstoffhaushaltes ist im Zusammenhang mit dem Altern ein Problem mit hoher Priorität. Es ist nicht möglich, durch Medikamente oder medizinische Techniken auf Dauer den Sauerstoffhaushalt des Körpers im Alter so nachhaltig anzuheben wie durch eine aktive ausdauerbetonte Konditionierung. **Die regelmäßige Ausdaueraktivität verbessert alle Parameter der Sauerstoffversorgung, denn jeder Abschnitt der Sauerstoffkette bleibt auch im Alter adaptabel an Ausdaueransprüche.** Beim Bewegungsmangel dagegen tritt gewissermaßen eine Rückbildung auf der ganzen Linie ein, es kommt dabei zu vorzeitigem Altern, und dieser Vorgang unterstützt seine eigene Ausprägung. Die Prozesse der Ausdaueradaptation, die mit einer Hochschaltung der O_2-Regulation verbunden sind, manifestieren sich als dem Altern entgegengerichtet.

Mit der Adaptation an Ausdaueranforderungen sind zahlreiche weitere Veränderungen verbunden, die der Leistungsfähigkeit, der Gesundheit und dem Befinden zugute kommen und die weitere Alternsvorgänge aufhalten, verzögern oder ihre Auswirkungen mildern. Dazu gehören die direkten Effekte, die in den speziellen Kapiteln beschrieben sind; es findet sich aber darüber hinaus eine Stimulierung des Immunsystems, eine positiv zu bewertende Umstellung im vegetativ-nervalen und hormonellen System, eine Schulung der Temperaturregulation, eine Verbesserung des Erholungsvermögens u. v. a.

In jüngerer Zeit wurden von verschiedenen Seiten Untersuchungsergebnisse vorgelegt, die übereinstimmend eine Beziehung zwischen Gesundheit und Lebenserwartung einerseits und Energiebereitstellung für Muskelaktivität andererseits herausbilden konnten. Dabei konnte nachgewiesen werden, daß eine aktivitätsbedingte Energiemehrausgabe das Gesundheitsrisiko herabsetzt. Das Optimum wurde bei Menschen „im besten Alter" bei 2000 kcal wöchentlich ermittelt; bereits bei 500 kcal wöchentlich konnte ein positiver Effekt ermittelt werden. Diese Modelle gehen allein von den verausgabten „Bewegungskalorien" aus; es sind im gewissen Sinne „unsportliche Modelle", weil jede Aktivität (Gassigehen mit dem Hund, Spaziergang, Treppensteigen, Gartenarbeit usw.) eingeht. Ein solches Konzept weist eindeutig auf die Notwendigkeit eines aktiven Lebensstils hin. Es ist somit auf alte Menschen uneingeschränkt anwendbar.

Dennoch bleibt der **freudvolle zielgerichtete Alterssport** das mit Abstand folgerichtigste Mittel, dem Bewegungsmangel im Alter mit all seinen negativen Konsequenzen zu begegnen.

Der Energieaufwand als Bezugsgröße für eine körperliche Ausdaueraktivität besitzt den Vorzug, ein von der Bewegungsstruktur relativ unabhängiger Ausdruck zu sein. Das dargestellte Konzept ist nicht mit Notwendigkeit sportspezifisch, und es ist nicht leistungsorientiert (etwa im Sinne einer Wettkampfleistung). Ein bedeutender Vorteil der Bewertung einer Aktivität nach Bewegungskalorien ist für den Alterssport die weitgehende Vernachlässigung der Bewegungsintensität. Ein Gesichtspunkt, der bei Berücksichtigung der Ausführungen zur Bewegungsschnelligkeit (s. Kap. 4) für den Alterssport Aufmerksamkeit verdient. Dazu ist zu konstatieren, daß in einem sehr weiten Bereich die Beziehung z. B. zwischen Laufstrecke und Energieaufwand linear ist. Das bedeutet, daß 10 laufend zurückgelegte km ca. 750 kcal benötigen, unabhängig davon, ob diese 10 km in 30 oder 70 min absolviert werden! Im letzteren Fall verteilt sich die Energiebereitstellung allerdings über einen längeren Zeitraum. 10 km Wandern benötigen 500 bis 550 kcal; hier ist die Beziehung zwischen Geschwindigkeit und Energiebedarf bis 6 km/h linear. Für das Wandern in einem Tempo wie es für alte Menschen bezeichnend ist, kann der genannte Wert für die Energiebereitstellung eingesetzt werden. Beim Tanzen wurde ein Energieaufwand ermittelt, der einem Niveau entspricht, wie es bei einem 10-km-Lauf in 70 min gegeben ist. Zuverlässige Werte, die in Tabellenform zusammengefaßt den Energieaufwand für vielfältige Bewegungsaktivitäten wiedergeben, sind erst teilweise erarbeitet. Es kann auch nicht der Sinn des dargestellten Konzeptes sein, die Höhe der aktivitätsbedingten Energiewandlung mit hoher Genauigkeit zu beziffern. **Es geht darum, daß gerade alte Menschen**

eine bewegungsreiche Lebensform in ihrem Alltag praktizieren, ohne daß Anstrengung im Spiel sein muß.

Auch der Alterssport sollte den dargestellten Grundsatz beherzigen: **Die Ausdauerentwicklung im Alter geschieht nach dem „Lang-und-Langsam-Prinzip“.** Alte Menschen tolerieren hohe Belastungsumfänge sehr gut. Sie sind jedoch empfindlich gegenüber hohen Intensitäten. Insofern passen die Argumente und die Richtlinien, die den Gesundheitswert der Energiewandlung ohne Intensitätsanteile bezeugen, geradezu richtungweisend in eine moderne Ausgestaltung des Alterssports auf wissenschaftlicher Basis.

Das dargestellte Herangehen, das z. B. im Sport durch das Wandern zu Fuß oder mit dem Fahrrad charakterisiert ist, folgt einer Strategie, für die der Begriff **„weiche Ausdauer“** gewählt wurde. Die körperlichen Anpassungen sind aber andererseits besonders ausgeprägt, wenn eine **„harte“ Ausdauer** für das Training bestimmend ist. Harte Ausdauer bedeutet hoher Puls, hoher systolischer Blutdruck, stark beschleunigte Atmung, erhebliche Schweißabsonderung usw. Über diese Art der Belastungsreaktion wird im Abschnitt über die Schnelligkeit eine grundsätzlich negative Bewertung für den Alterssport begründet. Derartige Notfallreaktionen sind für alte Menschen unbekömmlich. Auf dieser Basis entwickeln sich „im besten Alter“ hochgradige Ausdaueradaptationen, die das Optimum überschreiten und die für den alten Menschen, seine Gesundheitsstabilität und sein Befinden problematisch sind.

Umfängliche Ansprüche ohne hohe Intensitätsanforderungen lösen durchaus auch Adaptationen an Herz und Kreislauf, Atmung, Stoffwechsel, Nervensystem u. a. aus.

So sinkt z. B. die Ruhepulsfrequenz ab, und der systolische Blutdruck tendiert zu niedrigeren Werten. Der subjektiv erfahrbare körperliche und psychische Zustand, der nach einer längeren Wanderung zu Fuß, mit dem Fahrrad oder auf Skiern wahrnehmbar eintritt, ist zweifellos der Ausdruck einer anpassungswirksamen Reizsetzung. Das Ermüdetsein, der nachfolgende erholsame Schlaf, die gehobene Stimmungslage u. a. kennzeichnen eine sehr erwünschte subjektive Seite eines organismischen Zustandes, der für eine zeitlich ausgedehnte milde Mobilisation mit nachfolgender Regeneration typisch ist. Der Begriff der schonenden aktiven Erholung ist in diesem Zusammenhang für alte Menschen durchaus relevant. Die weiche Ausdauer entwickelt weniger die leicht erkennbare (im Sonderfall spektakuläre) mobilisatorische, sondern vielmehr die diskretere regeneratorische Funktionstüchtigkeit; es werden weniger die kapazitiven, sondern mehr die **regulativen und regeneratorischen Funktionen** ausgeprägt. Eine solche Ausnutzung des bewegungsmäßigen Anpassungspotentials ist für die Trainingsabsicht der alten Menschen besonders geboten. Hinzu kommt, daß die Praktizierung der weichen Ausdauer ausgesprochen risikoarm ist, was für den älteren Sporttreibenden, bei dem mit dem Vorliegen mehr oder weniger ausgeprägter Vorschäden zu rechnen ist, sehr wesentlich erscheint.

Das vorgeschlagene intensitätsarme und umfangsorientierte Ausdauerkonzept für den Alterssport geht auch von einigen aus der Anthropogenese (Menschwerdung) ableitbaren Gesichtspunkten aus. Die Beobachtung von Buschmännern und einigen anderen vergleichbaren Kulturen, die heute noch unter Steinzeitbedingungen leben, ergab, daß diese Menschen sehr selten laufen, sondern daß sie ihre Wege forsch wandernd zurücklegen. Auch die von ihnen fast täglich praktizierten kultischen Tänze sind frei von bewegungsmäßig intensiven Elementen. Starke und stärkste Störungen des körperlichen Gleichgewichts, wie diese z. B. für die hohen Intensitäten des Spitzensports typisch sind, liegen offensichtlich nicht in der Richtung der biologischen Konstruktion des Menschen; sie stehen als Notfallreaktionen in der Reserve, und diese haben sich naturgesetzlich entwickelt, um allein in (seltenen) überlebensnotwendigen Situationen das Leben zu sichern.

Die Frage, ob die Ausdauer im Alterssport durch kontinuierliche oder diskontinuierliche Aktivitäten zu entwickeln sei, ist einfach zu beantworten. Die ununterbrochene Belastung durch Schwimmen, Laufen, Radfahren usw. ist bei guten speziellen Leistungsvoraussetzungen durchaus möglich. Das Prinzip „lang-und-langsam" ist dabei allerdings strikt zu beherzigen. Stärkere Ermüdungszustände sind zu vermeiden. **Grundsätzlich sollten sportliche Belastungen mit Unterbrechungen für alte Menschen den Vorzug erhalten.** Bei allen Sportformen, die z. B. mit Stauchungen (z. B. Dauerlauf) oder längeren Zwangshaltungen (z. B. auch Wandern) einhergehen, empfiehlt sich eine gelegentliche Entlastung der Wirbelsäule und generell des Stützgewebes. Außerdem sollte dem alten Sporttreibenden bedarfsgerecht eine Erholungspause gewährt werden. Es ist immer wieder zu bedenken, daß mit fortschreitendem Alter sich die Erholungszeiten verlängern und daß ein Training in einen stärkeren Ermüdungszustand hinein das Risiko von Verletzungen und anderen Nebenwirkungen des Sporttreibens erhöht.

Die Ausdauer ist im Alterssport keinesfalls daran zu messen, wie anhaltend starke Reaktionen aufrecht erhalten werden. Es gibt jedoch unter diesem Aspekt eine Anzahl von „Spätsportlern", die zu Extravaganzen tendieren. Als Modell sei hier der Marathonlauf benannt (Tab. 1); diese Alterssportler bringen zur Geltung, zu welchen Ausdauerleistungen alte Menschen in der Lage sein können.

Tab. 1 Marathon-Altersweltbestzeiten

Lebensalter	Sportler	Erzielte Zeit im Marathonlauf	Jahr
42	Jack Foster	2:11;18,6	1974
47	Erik Oestbye	2:20;54,6	1968
50	Jack Foster	2:20;28	1982
55	Erik Oestbye	2:26;35	1976
59	John Gilmour	2:28;19	1978
64	Clive Davis	2:46;45	1984
65	Monty Montgomery	2:53;03	1971
70	Einar Nordin	3:08;45	1976
75	Friedrich Tempel	3:26;27	1976
80	Arthur Lambert	3:52;30	1971
90	Arthur Lambert	4:58;66	1981
95	Christos Jordannidis	6:42:00	1974
98	Christos Jordannidis	7:33;00	1977

In diesem Zusammenhang muß jedoch nachdrücklich hervorgehoben werden, daß es sich um eine Selektion, gewissermaßen um Sonderfälle, handelt. Sie demonstrieren, daß alte Menschen gut trainierbar sind und daß sie ungewöhnliche Ausdauerleistungen erzielen können. Es handelt sich jedoch bei dem Methusalem, der noch die Marathonstrecke bewältigt, um eine Ausnahme, die für den Alterssport keine Leitlinie und kein Vorbild sein kann (s. a. Kap. 16). Zudem ist nur eine verschwindend kleine Minorität von Alterssportlern zu derartigen (fragwürdigen) Leistungen zu motivieren.

Abschließend sei zur Ausdauer noch einmal betont vermerkt, daß diese Fähigkeit stets komplex den gesamten Körper erfaßt und der Gesamtkörper gewissermaßen der Schauplatz einer Ausdauerleistung ist. Vor allem aber regt die ausdauernde Aktivität die autonom gesteuerten inneren Organe an und veranlaßt sie zur Adaptation und zum Aufbau von Reserven. Chronische Erkrankungen dieser Organe bestimmen in der Gegenwart sehr eindeutig die Morbidität und Mortalität der Bevölkerung. Der Sport mit einer Ausdauerkomponente als Kompensation des weitverbreiteten Bewegungsmangels vermag die Negativentwicklung abzuschwächen. Die ausdauernde körperliche Aktivität verhindert, mindert oder verschiebt in höhere Lebensabschnitte das Auftreten und Fortschreiten chronischer Erkrankungen, die das Leben alter Menschen körperlich, psychisch und sozial einschränken. Auf dieser Basis wird der ausdauerbetonte vielseitige Sport zu einem Bestandteil der Gesundheitspolitik.

Wesentlich bleibt, daß das Ausdauertraining im Alterssport so ausgestaltet wird, daß es konstruktiv wirkt. Falsch ist ein kurzes hartes Training. Der alte Mensch ist empfindlich gegenüber intensiven Belastungen, und er hat „Startschwierigkeiten", er kommt mit Verzögerung in Schwung. Schon im Spitzensport gilt der Kernsatz „Das Tempo tötet, nicht die Strecke". Für den alten Menschen bedeutet Ausdauerschulung die Beherzigung des Prinzips „lang-und-langsam" bzw. „langsam-aber-sicher". Dieses Herangehen ist effektiv und risikoarm. Das Wandern ist gegenüber dem Joggen keinesfalls zweite Wahl.

Die hier abgehandelte Ausdauer ist die dynamische Ausdauer, nur ihre Inanspruchnahme regt den Organismus komplex an. Die statische Ausdauer, die vor allem von den Haltemuskeln eingebracht wird, tritt in der Stichhaltigkeit für die Gesundheit zurück, obwohl sie zweifellos auch ihren Gesundheitswert für das Skelett (Wirbelsäule, Gelenke) besitzt. „Ich bin den ganzen Tag auf den Beinen" ist kein Argument gegen den Ausdauersport im Alter. So ist z. B. der Beruf des Zahnarztes oder der Friseuse zweifellos sehr anstrengend; auch die Hausarbeit kann körperlich ermüdend sein. Ein Ausgleich durch ausdauernde Bewegung ist jedoch unerläßlich.

3 Kraft

Wenn die Kraft als körperliche Fähigkeit unter dem Aspekt von Leistungsvermögen, Gesundheitsstabilität und Wohlbefinden im Alter erörtert wird, so erübrigen sich Bemühungen um eine lückenlose Definition des Kraftbegriffs. Bei dem hier zu bewertenden Urteil über die Kraft liegt dieser die Fähigkeit des Muskels zu Grunde, sich zu kontrahieren und dabei Längenänderungen bzw. Zugspannungen zu entwickeln; im Gegensatz zu den zahlreichen Problemen bei der umfassenden Definition der Kraft bestehen recht klare und konkrete Vorstellungen über die Muskelkraft im Bewußtsein der Menschen. Hier genießt die Kraft unter den körperlichen Fähigkeiten sogar eine Präferenz; man spricht im übertragenen Sinne ja auch von Schaffenskraft, Denkkraft, Stehkraft, von Heilungskräften oder es heißt „wer schafft, braucht Kraft".

Die Kraft ist eine Leistungsvoraussetzung zur Überwindung von Widerständen. Die Kraft ist eine unerläßliche Voraussetzung für jede Bewegung mit oder ohne Zusatzlast in einem Gelenk; sie wird auch erforderlich, um ein Gelenk in seiner Stellung zu fixieren, und sie wird ständig benötigt, um der Gravitation entgegenzuwirken, denn allein schon die Behauptung des eigenen Körpergewichts gegenüber der Schwerkraft verlangt ein angemessenes Maß an Körperkraft.

In jüngerer Zeit hat sich die Einstellung vieler Menschen zur Muskelkraft zum Positiven verändert; das Muskeltraining ist gewissermaßen in Mode gekommen. Das gilt auch für den Alterssport.

Der Wert des Krafterwerbs und die Motivation zum Krafttraining läßt sich in 5 Hauptpunkten, die auch für den Alterssport stichhaltig sind, zur Geltung bringen. Kraft wird benötigt

- für die Gesundheit. Die Kraft ist mitbestimmend für die Stabilität des Bewegungsapparates, insbesondere für den Schutz der Gelenkstrukturen;
- für das Alltagsleben in Beruf, Haushalt und Freizeit;
- für das Sporttreiben selbst. Die Kraft ist eine Voraussetzung für den wirkungsvollen Einsatz anderer Fähigkeiten. Sie ist ein Element der Unfall-, Verletzungs- und Schädigungsprävention;
- für das Selbstwertgefühl. Das Wissen um die eigene Kraft stärkt das Selbstbewußtsein und es ist Depressionen und Angst entgegengerichtet;
- für das äußere Erscheinungsbild. Kraft prägt das (sichtbare) Muskelrelief; sie wird zu einem Kriterium der Ästhetik.

Ist die Kraft im fortgeschrittenen Alter trainierbar? Diese Frage ist eindeutig zu bejahen. Es konnte nachgewiesen werden, daß sie sich selbst bei 90jährigen durch ein adäquates Programm verbessern läßt, wenn die gegebene Belastbarkeit entsprechende Anforderungen zuläßt. Es kann davon ausgegangen werden, daß der oftmals beobachtete Rückgang der Zahl der Muskelfasern im Alter zumindest teilweise verhindert oder doch verzögert werden kann, wenn auch im Alter regelmäßig überdurchschnittliche Ansprüche im Sinne kraftvoller Kontraktionen gestellt werden.

Die Bedingungen, unter denen eine Schwächung des Muskels, d. h. eine Abnahme der Kraft eintritt, sind besonders bei alten Menschen gegeben.

Es sind:

- ungenügender Gebrauch des Muskels,
- Muskelkontraktionen ohne Belastung,
- kurze Kontraktionsstrecken,
- mangelhafte Durchblutung.

Diesen für die Kraftausprägung negativen Gegebenheiten kann im Alltagsleben und insbesondere im Alterssport wirksam entgegengetreten werden.

Es gibt bestimmte Muskeln, die bevorzugt zur Abschwächung neigen; ihnen muß in jedem Lebensalter, insbesondere jedoch im Alter, vorrangige Aufmerksamkeit zugewandt werden. Da die Gegenspieler dieser Muskeln zur Verkürzung neigen, kommt es zu sog. Dysbalancen, wodurch die Muskel-Gelenk-Beziehung gestört wird. Besteht ein solches Ungleichgewicht langfristig, so leidet die Gelenkintegrität; dadurch wird der Gelenkverschleiß gefördert.

Folgende Muskeln bzw. Muskelgruppen tendieren zur Abschwächung und bedürfen einer gezielten Kräftigung (Abb. 1).

1. tiefe Halsbeuger,
2. Schulterblattfixatoren (Muskulatur des oberen Rükkens),
3. Bauchmuskulatur,
4. Gesäßmuskulatur,
5. Kniestrecker,
6. Vordere Schienbeinmuskulatur (tibiale Muskelgruppe).

Die folgenden Grundübungen, die sich in der Praxis vielfach variieren lassen, sind im Alterssport zur Kräftigung der genannten Körperbezirke zu empfehlen:

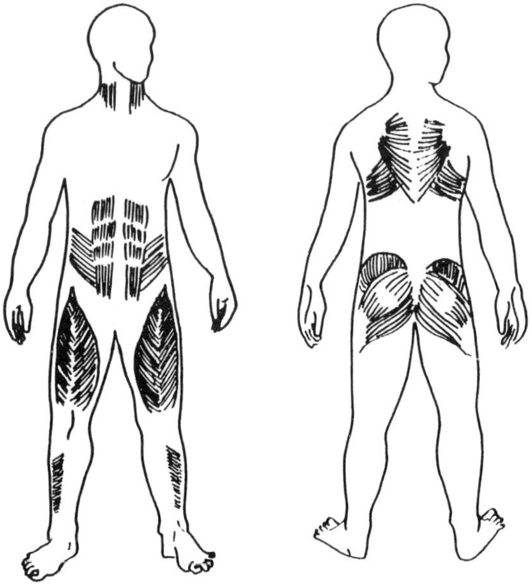

Abb. 1 Muskeln, die zur Abschwächung neigen

zu 1. Flache Hand fest gegen die Stirn drücken und den Kopf gegen den Widerstand nach vorne - unten drücken.

zu 2. Schultern kräftig nach hinten führen und halten; in Bauchlage Arme anheben und halten.

zu 3. Aufrichten oder Versuch des Aufrichtens des Oberkörpers aus der Rückenlage (dabei Beine angestellt; evtl. Füße fixiert).

zu 4. Anspannen der Gesäßmuskulatur, Spannung halten.

zu 5. Kniestreckung aus halber Beuge, Treppensteigen, Radfahren (diese Übungen kräftigen gleichzeitig die Gesäßmuskulatur).

zu 6. Jede Form der Fußgymnastik (safety first bei Durchführung der Übungen im Stehen).

Die Kraftwirkung greift an den Gelenken an. Ein effektives Krafttraining verbessert die Sicherung des Gelenkes. Alle Gelenkstrukturen — Muskeln, Sehnen, Bänder, Kapseln, Knorpel, Knochen — bilden eine Einheit. Ein sachgerechtes Krafttraining, das auch muskuläre Imbalancen ausgleicht, beeinflußt diese Strukturelemente insgesamt positiv, indem es sie verstärkt. Das Gelenk wird fester und sicherer; damit verbessert sich auch seine **Belastbarkeit, Strapazierfähigkeit** und **Verschleißfestigkeit.** Eine kräftige Muskulatur übt somit eine Schutzfunktion für das Gelenk aus. Diese sehr optimistisch anmutende Position gilt grundsätzlich auch für die bereits von Abnutzung (Arthrose) betroffenen Gelenke alter Menschen. Auch hier ist die Aneignung einer festigenden Muskel-Bänder-Manschette mit nachfolgender Beschwerdelinderung und Verschleißverzögerung durchaus möglich. Ausschlaggebend ist in jedem Fall, daß das Training qualifiziert stattfindet.

Wichtig ist, daß im Training die Anspannung des Muskels, die den unmittelbaren Kraftgewinn bewirkt, verbunden sein muß mit einer Lockerungs- und Entspannungspraxis; eine unzulängliche motorische Entspannungsfähigkeit fördert namentlich bei älteren Menschen muskuläre Dysharmonien und Dysbalancen und fördert auch die Verletzungsbereitschaft (z. B. Zerrung als Selbstverletzung).

Bekanntlich gibt es bei fast allen Menschen eine Rechts-links-Imbalance der Kraftentwicklung. In der Regel findet sich die Kraft im Bereich der dominanten Extremität, d. h. des rechten Armes und zumeist des linken Beines verstärkt ausgeprägt. Wenn die Forderung „grundsätzlich auf Dauer im Alterssport keine Übungen, die für die muskuläre Balance ungünstig sind", erhoben wird, so gilt diese Position auch in der Weise, daß die gegebene Seitigkeit zu berücksichtigen ist; die jeweils schwächere Extremität darf nicht vernachlässigt werden.

Zur Bedeutung der Kraft ist noch hervorzuheben, daß diese ein Faktor in der Unfallprophylaxe ist. Ein ungenügender Kraftvorrat ist mit körperlicher Unsicherheit verbunden. Kraft wird für korrigierende Bewegungen benötigt. Sie ist ein Moment der Körperbeherrschung in riskanten Situationen. Sie ist eine Voraussetzung für schnelle und koordinierte Bewegungen. Weiterhin ist sie wesentlich für sensomotorische Regel- und Reaktionsleistungen. Der häufige Gebrauch und Einsatz der Kraft führt dazu, daß Störgrößen und gefährliche Situationen besser eingeschätzt und kompensiert werden können.

Viel zu wenig beachtet wird, daß die Lungenatmung über quergestreifte Muskulatur realisiert wird und daß die Tiefatmung, die alten Menschen schwerfällt, eine Kraftanstrengung der Atemmuskulatur voraussetzt. Diese Atemmuskulatur (und die Atemhilfsmuskulatur) ist im Alter deutlich abgeschwächt! Eine solche Tendenz leistet der Entstehung eines Lungenemphysems Vorschub mit allen Folgen für die Sauerstoffversorgung der Körpergewebe, der Herzleistungsfähigkeit u. a. Die **gezielte Kräftigung der Atemmuskulatur** über eine folgerichtige Atemgymnastik ist ein unverzichtbares Anliegen des Alterssports (s. Kap. 8.3).

Der Ausprägungsgrad der Muskulatur „kultiviert" das äußere Erscheinungsbild des Menschen. Auch alte Menschen sind eitel; dieser Zug läßt sich einsetzen, um eine Motivation zum Sporttreiben zu erzeugen. Es geht dabei im Alterssport keineswegs darum, Muskelpakete aufzubauen und einen Herkules zu entwickeln; es geht viel mehr darum, der Falstaff-Figur („Kugelbauch auf Storchbeinen") zu begegnen. Das Krafttraining führt auf diese Weise zu einem ästhetischen Leitbild auch für alte Menschen.

3.1 Wirbelsäule

Eine vorrangige gesundheitsbezogene Bedeutung hat eine gut ausgebildete Kraft im Zusammenhang mit der aufrechten Haltung des Menschen. Durch die Aufrichtung des Körpers wurde die Wirbelsäule, die von der Evolution als "Torpedoform" (Fisch) und als beidseitig unterstützter Balken (Vierbeiner) konzipiert war, zu einer wirklichen (wenn auch eigentümlich geformten) Säule. Die Vertikalisation des Rumpfes ist ein Spezifikum des Menschen.

Mit dem entwicklungsgeschichtlichen Erwerb des aufrechten Ganges und der bipedalen Fortbewegung ergab sich die Notwendigkeit, das labile Körpersystem mit relativ hochliegendem Schwerpunkt in der Balance zu halten. Die Möglichkeiten einer Fehlstellung und Destabilisierung sowie von frühzeitigem Verschleiß erhöhten sich damit, und die Kraftübertragung sowie das muskuläre Zusammenspiel im Bereich der vielgliedrigen Funktionseinheit der Wirbelsäule erforderten eine sehr effiziente Abstimmung. Zahlreiche Störungen der Wirbelsäule finden sich deshalb ausschließlich beim Menschen; der alte Mensch ist in diesem Zusammenhang besonders exponiert.

Die Konstruktion des Körpers unterliegt selbstverständlich den Gesetzen der Statik, und mit der Aufrichtung haben sich die statischen Verhältnisse gewandelt. Die Fähigkeit, sich auf zwei Beinen bewegen zu können, hat bezeichnende körperbauliche Merkmale zur Voraussetzung; die senkrecht angeordnete Wirbelsäule als zentrales Halte-, Stütz- und auch Bewegungsorgan spielt in diesem Zusammenhang eine dominierende Rolle. Wie alle entwicklungsgeschichtlich jungen Entwicklungen ist auch die Wirbelsäule (das „Rückgrat") empfindlich und störanfällig, und sie bedarf besonderer Fürsorge.

Die Wirbelsäule ist beim Menschen ein mehrfach gebogener, federnder, in sich gegliederter Stab. Sie ist das tragende Haltegestell für das gesamte Skelett. Sie bildet mit ihren über 100 gelenkigen Verbindungen eine Funktionseinheit, die sich in Segmente (Wirbelkörper und Zwischenwirbelscheiben) aufteilen läßt. Insgesamt ist sie das stützende und kraftübertragende Achsenorgan des Körpers. Sie ist eine Bewegungsachse, die über die gesamte Länge im Gleichgewicht gehalten werden muß. Sie dämpft auch Erschütterungen. Eine fehlerhafte Stellung, eine Abweichung vom normalen Achsenverlauf wird zu einer Dauerbelastung.

Zwischen den massiven Knochenblöcken der Wirbelkörper befindet sich als faserknorpeliges Verbindungsstück die Zwischenwirbelscheibe (Bandscheibe), die als „hydrodynamisches Kugellager" funktioniert und die reifenförmig gehalten wird. Diese Bandscheiben sind in Gestalt eines Wasserkissens auch Puffer, Stoßdämpfer und Polster; sie dienen damit maßgeblich der elastischen Aufnahme von Druckbelastungen entlang der Längsachse, wodurch nicht zuletzt ein Schutzmechanismus für das besonders empfindliche Gehirn zur Geltung gebracht wird. Sie gelten als „Verschleißteil", müssen aber lebenslang funktionieren und dürfen nicht aus der Linie, die die Statik vorschreibt, geraten. Da die Zwischenwirbelscheiben beim Erwachsenen keinen Anschluß an das Blutgefäßsystem besitzen, müssen sie aus ihrer Umgebung Flüssigkeit durch Diffusion aufsaugen und Stoffwechselendprodukte abgeben.

Der Bezug zwischen Bandscheibe und Krafttraining resultiert aus der trainingsadaptiven Kräftigung des Halteapparates und der Vermeidung eines Abgleitens; ein solcher Bezug ergibt sich aber vor allem aus dem Pumpmechanismus, der bei sportlicher Aktivität einsetzt und der durch Haltungswechsel den Einstrom wie den Ausstrom von Flüssigkeit befördert; in Abhängigkeit von der Körperhaltung wird Flüssigkeit angesaugt oder ausgepreßt. Der bewegungsbedingte Belastungswechsel unterstützt den Stoffwechsel der Bandscheibe und optimiert ihren Quellungsdruck. Ein gezieltes Bewegungsverhalten, das auch die störanfälligen Bandscheiben berücksichtigt, gewinnt mit fortschreitendem Lebensalter unter dem Aspekt der Gesundheitsförderung an Bedeutung; der alternsbedingte Flüssigkeitsverlust macht das Gewebe mürbe, unelastisch und rissig. Vor diesem Hintergrund kann sich das Baugefüge ändern und ein schmerzhafter Druck ausgeübt werden. Mit der Verschmälerung der Bandscheiben hängt z. T. der Körperhöhenverlust im Alter zusammen; außerdem leidet darunter auch die Beweglichkeit der Wirbelsäule. Es spricht vieles dafür, daß sich die alterstypischen Veränderungen an den Bandscheiben durch ein adäquates Krafttraining verzögern lassen.

Im Zusammenhang mit der Bandscheibe muß nachdrücklich betont werden, daß falsch betriebener Kraftsport Schaden anzurichten vermag und daß die kraftbedingte Stabilität der Wirbelsäule und ihrer einzelnen Segmente für die Gesundheit und Beschwerdefreiheit wichtiger ist als ihre Beweglichkeit.

Die Mehrheit alter Menschen leidet ständig oder zeitweilig an Kreuzschmerzen oder Rückenmüdigkeit. Zweifellos gibt es bei diesem Massenleiden keine einheitliche Ursache. Der **qualifizierte Einsatz von Kräftigungsübungen** vermag jedoch in einer Vielzahl der Fälle die Beschwerden zu lindern.

Der „Kampf" der Wirbelsäule zwischen Schwerkraft und Aufrichtung beim Stehen, Gehen, Laufen, Heben, Tragen usw. erfordert in jedem Lebensalter, aber insbesondere im Alter, eine zuverlässige Sicherung der Statik; die Wirbelsäule benötigt für ihre achsengerechte Stellung eine präzise Führung, und diese ist unvollkommen bei einer mangelhaften Adaptation im Sinne der Atrophie, d. h. bei ungenügendem (oder falschem) Gebrauch der Muskulatur.

Die Wirbelsäule ist physikalisch ein schwingender Stab und bildhaft vergleichbar mit einem Segel- oder Sendemast, und eine derartige technische Konstruktion benötigt zur Aufrechterhaltung einer achsengerechten Stellung Hilfsmechanismen in Form von Seilen, Halterungen und Tauen.

Die Wirbelsäule verfügt zu diesem Zweck in ihrem Aufbau über einen mehrschichtigen Band- und Muskelapparat. Die Muskulatur des Rumpfes hat in hohem Maße Halteaufgaben zu erfüllen, denn die Funktionstüchtigkeit der Wirbelsäule hängt maßgeblich von ihrer Stabilität ab. Die Qualität der Bänder und vor allem der Rumpfmuskulatur (auch der Bauchmuskulatur!) bestimmt die funktionelle Integrität der Wirbelsäule. Sie benötigt zu ihrer Fixierung eine stabilisierende, schienende muskuläre Manschette. Diese stützt und schützt die Wirbelsäule vor Instabilitäten, sie kann mögliche Schäden abfangen und vor statischer Dekompensation bewahren.

Eine Inaktivitätsatrophie von Muskeln und Bändern im Bereich der Wirbelsäule zieht Fehlleistungen mit Achsenverstellungen und gestörter Biomechanik nach sich. Während eine muskuläre Insuffizienz einer Deformierung der Wirbelsäule Vorschub leisten kann, bleiben bei gut ausgebildetem Halteapparat vielfach sogar skelettale Veränderungen im Sinne von Abnutzung und Verschleiß sowie Achsenverstellungen symptomfrei. Die Konsequenz dieser Situation besteht im Sinne der Prävention in der Aneignung eines „körpereigenen Korsetts".

Dieser Muskelgürtel vermag Schäden abzufangen. Wenn alte Menschen „gebückt und gedrückt" daherkommen, so läßt sich die Situation sicher mildern. Die qualifizierte Rückenschule sollte möglichst frühzeitig im Lebenslauf einsetzen, denn die Wirbelsäule verschleißt im Laufe von Jahrzehnten. Aber auch im Alter ist von kräftigenden Übungen ein erwünschter Effekt zu erwarten. Als Grundübungen, die vielfältig variierbar sind, gelten für Einsteiger: **Rückenlage und Bauchmuskeln anspannen; Bauchlage und Rückenmuskeln anspannen**.

Praktisches Vorgehen

Die nachweisbaren degenerativen Veränderungen an der Wirbelsäule und die Intensität der Beschwerden stehen in keinem direkten Verhältnis zueinander. Abnutzungserscheinungen an der Wirbelsäule können klinisch stumm oder zumindest beschwerdearm verlaufen. Eine wirbelsäulengerechte zustandsadäquate Muskeltätigkeit ist das wichtigste Mittel, die Symptome zu minimieren.

Es geht namentlich im Alterssport darum, die These „Sport ist gesund" zu bestätigen. Es kommt auf positive Erfahrungen mit dem Sport an bei dem Ansinnen „Gib dem Rücken eine Chance".

Das Vorgehen in der Praxis beginnt mit der Antwort auf die Frage „was soll erreicht werden, welche Kriterien sind bestimmend?" Der Zustand der Wirbelsäule und ihre Position im Zusammenwirken mit anderen Körperbereichen ist zu objektivieren; jede Wirbelsäule hat individuelle Merkmale. Informationen sind weiterhin nötig über den Zustand der zugehörigen Muskulatur. In jedem Fall muß nach längerer weitgehender Immobilisierung Vorsicht walten.

Nachfolgend sollen einige Kenntnisse vermittelt werden, die von prinzipieller Stichhaltigkeit sind und die stets berücksichtigt werden müssen.

- Zu vermeiden ist grundsätzlich die Überstreckung der Hals- und Lendenwirbelsäule (Kopf weit in den Nacken führen, Hohlkreuz); d. h., Vorsicht ist stets angebracht bei der Kopf- und Rumpfbeuge nach hinten.
- Eine Forderung auch unter diesem Aspekt läuft darauf hinaus, bei Kraftübungen fest zu stehen bzw. auf harter Unterlage zu liegen. In einem Widerspruch zu der hier abgegebenen Bewertung befindet sich z. B. die Ausführung der „Kobrastellung" im Rahmen von Yogaübungen; auch „Kautschukmenschen" haben im Alter keine überdurchschnittlich verschlissene Wirbelsäule. Die Erklärung findet sich darin, daß die Wirbelsäulenüberstreckung in diesen Fällen verbunden ist mit Kraft, Lockerheit und Entspanntsein, daß sehr langsam vorgegangen wird und daß Reklinationsstöße vermieden werden. Die Verhältnisse bei Yogis oder Akrobaten dürfen keinesfalls verallgemeinert werden.
- Das Heben und Absetzen von Lasten ist in jedem Fall gedanklich vorzubereiten, und es ist nicht aus der tiefen Rumpfbeuge auszuführen! Es ist in die halbe Hocke zu gehen (evtl. muß von zwei Übeln, Tiefkniebeuge

und Rumpfvorbeuge, das kleinere, die Hocke gewählt werden). Die Beine mit ihrer kräftig angelegten Streckmuskulatur müssen den größten Teil der Hebearbeit leisten. Die Aufstehbewegung ist günstiger als die Aufrichtebewegung. Der Rücken sollte beim Heben gerade sein. Beim Hochkommen mit gerader Wirbelsäule ist der Körperschwerpunkt über der Unterstützungsfläche; der Massetransport erfolgt in senkrechter Richtung. Zunächst wird langsam gehoben, und die Hebebewegung wird erst schneller, wenn die Last sich in der Knieregion befindet. Es wird grundsätzlich nur bis Taillenhöhe gehoben. Kein Drehen des Rumpfes mit Last, sondern Umsetzen der Füße! Die Füße befinden sich beim Heben in Überhüftbreite. Es wird ruhig geatmet (keine Preßatmung!). Selbstverständlich ist das unbelastete Bücken weniger von den dargestellten Überlegungen betroffen.

Mit Rücksicht auf die Wirbelsäule ist möglichst körpernah zu arbeiten. Die Belastung ist naturgesetzlich am größten, wenn die auf einen Hebel wirkende Kraft am weitesten vom Drehpunkt entfernt ist. Es geht darum, den Abstand zwischen Körper und Lastobjekt zu minimieren. Die Last ist dicht am Körper zu halten. Schwungvolle Rotationen mit Last (Trägheitskräfte!) sind zu unterlassen; ausschlaggebend ist hier die Zusatzlast; gegen den Tanz gibt es natürlich keine Einwände. Aufsprünge, Tiefsprünge u. ä. sind im Alterssport tabu; mitunter werden sie aber doch ausgeführt. Dabei muß der Bremsstoß elastisch abgefangen werden; er darf gewissermaßen nicht stauchend durch die Wirbelsäule bis zum Kopf laufen.

Die genannten Regeln gelten insbesondere für Alterssportler mit Übergewicht; sie sind besonders zu beachten bei Fehlstellungen und bei begleitender Osteoporose.

Die Muskulatur, die die Wirbelsäule hält und bewegt, ermüdet im Verlauf einer Trainingseinheit. Eine solche Konstellation kann zu Ermüdungsfehlern führen. **Dem Alterssportler sind nicht zuletzt mit Rücksicht auf die Wirbelsäule Entlastungsphasen** (z. B. flaches Liegen) **zu gewähren.**

3.2 Hüft- und Kniegelenke

Obwohl das **Hüftgelenk** unter anatomisch-orthopädischem Aspekt sehr stabil angelegt ist, sind Verschleißerscheinungen im Alter sehr häufig. Die Minimierung von Stauchungen und eine Kräftigung der Gesäßmuskulatur vermag hier vorbeugend und beschwerdelindernd zu wirken. Das Hüftgelenk gerät jedoch verstärkt dadurch in den Blickpunkt des Sports, daß in der Bundesrepublik Deutschland in diesem Bereich jährlich 80.000 Endoprothesen (künstliche Hüftgelenke) eingesetzt werden. Eine trainingsmäßige Betreuung der fast ausschließlich älteren und alten Betroffenen wird erwartet. Obwohl die Kenntnisse darüber, wie eine geschädigte Hüfte richtig zu belasten ist, noch sehr lückenhaft sind, besteht doch Einigkeit darüber, daß eine kurzfristige Mobilisierung einsetzen muß.

Für Träger von Hüftgelenkendoprothesen gilt, daß die Bodenreaktionskräfte (Stauchungen) minimiert werden; Stoßbelastungen haben zu unterbleiben. Als günstig haben sich Kraftmaschinen herausgestellt, bei denen der **Beineinsatz bei Gravitationsumkehr** stattfindet, d. h., die Last wird in Rückenlage weggedrückt. Abzuraten ist von Sportarten wie Laufen oder Tennis; gut geeignet ist das **Radfahren** (aufrechte Rumpfhaltung, d. h. hoher Lenker, Damenrad wegen unkomplizierten Auf- und Absteigens). Bewährt hat sich die **Gymnastik im Wasser**. Bei vorliegendem Übergewicht ist besondere Vorsicht angezeigt.

In Abhängigkeit vom Prothesenmaterial kommt es bei extensiver sportlicher Beanspruchung zu einer vorrangig reibungsbedingten Aufheizung des künstlichen Knochenersatzes; Gewebeschädigung und Beeinträchtigung des benachbarten Knochens kann die Folge sein. Beim Wandern, Radfahren u. a. sind deshalb regelmäßig Pausen einzulegen.

Das **Kniegelenk** ist flächenmäßig das größte und in seinem Aufbau das komplizierteste Gelenk. Das menschliche Kniegelenk ist konstruktiv abgestellt auf den aufrechten Gang, der ein sehr spätes Ergebnis der Entwicklungsgeschichte ist. Die durchdrückbaren und innen zusammenführbaren Kniegelenke sind deshalb sehr empfindlich und verletzlich. Für alte Menschen ist eine gut entwickelte Haltekraft für das Kniegelenk präventiv sehr hoch einzuschätzen (Kniegelenkstruktur). **Der gezielten Kräftigung dieser voluminösen Muskulatur gebührt im Alterssport ein Vorrang** (s. Kap. 3.4).

Zu vermeiden sind beim Sportbetrieb ungenügend abgefederte Stöße (Skiabfahrt, Niedersprünge etc.). Ungünstig sind auch seitliche Drehmomente, die auf das Gelenk wirken. Ein Spezifikum des Kniegelenks, das für den Sport und insbesondere für den Alterssport stichhaltig ist, findet sich in der Gelenkstellung der Tiefkniebeuge, der Hocke. Selbstverständlich sind die äußeren Kräfte, die am Kniegelenk angreifen, bei einer Winkelstellung von 90° am größten, weil die Last des Rumpfes am weitesten vom Drehpunkt im Kniegelenk entfernt ist. In der Hocke sind dagegen die inneren Kräfte am Kniegelenk besonders groß, weil die Gelenkflächen nicht mehr vollständig paßfähig sind und, vor allem, weil die in die Sehnen des vierköpfigen Kniestreckers eingelagerte Kniescheibe das Gelenk komprimiert. Während Kleinkinder keine Probleme mit dem „Entengang" (in der Hocke) haben, ist die Tiefkniebeuge im Alterssport grundsätzlich tabu. Das Kniegelenk ist in Streckstellung am besten gesichert; auch in kraftvoller Bewegung ist die Konstruktion des Kniegelenks bei geringer Abweichung von der Streckstellung gering strapaziert. Diese Gegebenheit begründet die Forderung, z. B. beim **Radfahren** als eine vorzügliche Möglichkeit, das Kniegelenk zu kräftigen, den Sattel möglichst hoch einzurichten. Die mehr oder weniger arthrotischen Kniegelenke des alten Menschen reagieren beim Radfahren mit niedriger Satteleinstellung mit Schmerz!

3.3 Fuß

Beobachtet man einen alten Menschen beim Gehen, so ist ein typisches Gangbild unübersehbar. Der Gang ist kurzschrittig, schlurfend, unelastisch, tapsig, fast ataktisch; es wird die gesamte Fußsohle aufgesetzt. Hinter diesem „Kurztreten" verbirgt sich eine Schutzorientierung. Die kritische Phase ist gegeben, wenn das Schwungbein nach vorne geführt wird und in diesem Zeitraum das Körpergewicht auf einem Bein ruht, wobei der Körperschwerpunkt neben der Unterstützungsfläche des Standbeines gelegen ist. Der alte Mensch sucht beim Gehen ein „festes Fundament", die Doppelstandphase. Die typische Art und Weise, in der sich ein alter Mensch gehend fortbewegt, ist ein Ausdruck der Unsicherheit sowie der Angst zu straucheln, zu stolpern und zu stürzen. Dahinter steht in allererster Linie eine Schwäche der Muskulatur, die für die Sprunggelenke zuständig ist; weiterhin sind zweifellos beteiligt eine Abschwächung der Antischwerkraftmuskulatur generell, Bewegungseinschränkungen im Hüftgelenk sowie eine Beschränkung in den Drehbewegungen der Wirbelsäule.

Ein Prinzip mit genereller Gültigkeit lautet: Man kann nur, was man übt. Die Anwendung dieses Prinzips auf das Gehbild des alten Menschen bedeutet, daß der alte Mensch sich bemühen muß, bewußt lange Schritte zu machen und auch auf einem Bein stehend das Gleichgewicht zu halten! Im organisierten Alterssport darf das **langschrittige Gehen** nicht fehlen. Es gilt jedoch: Sicherheit zuerst! Im angesprochenen Geschehen bleibt der Fuß im wahren Sinne des Wortes der Dreh- und Angelpunkt.

Der Erwerb des aufrechten Ganges in der Anthropogenese hatte den Übergang von der Vierpunkt- zur Zweipunktunterstützung des Körpers zur Folge. Diese Entwicklung fand in einem biohistorisch sehr kurzen Zeitraum statt, und sie erforderte die Veränderung des Greiffußes in einen Stützfuß. Wie jede entwicklungsgeschichtlich junge Körperstruktur ist der Fuß mit seiner einzigartigen Trägerkonstruktion störanfällig und besonders leicht verwundbar. Er stellt vor allem im Alter eine potentielle Schwachstelle des Körpers dar.

Der Fuß ist das Bindeglied zwischen Mensch und „Mutter Erde". Er ist Fundament des Körpers („Lafette"), Vortriebshebel, Stoßdämpfer und „Sinnesorgan". Er setzt sich aus 26 Knochen zusammen und kann als ein biologisches Meisterwerk der Statik betrachtet werden.

Als das Fundament des Körpers sind die Füße bei senkrechter Haltung durch ihre endständige Anordnung der irdischen Schwerkraft (dem Druck des Körpergewichtes) in besonderem Maße ausgesetzt. Sie müssen unter diesen realen Bedingungen bei hochliegendem Schwerpunkt der Körperkonstruktion ständig das labile Gleichgewicht ausbalancieren. Die für den Fuß zuständige Muskulatur ist beim Menschen von Natur aus auffallend stark angelegt (Vierbeiner haben keine Waden!). Dennoch sind Sturzunfälle geradezu an der Tagesordnung. Menschen, die „auf schwachen Füßen stehen", sind besonders stolpergefährdet. Zuverlässige Füße werden damit zu einem Faktor der Prävention von typischen Unfällen.

Diese Erwägungen sind für den Alterssport von hoher Stichhaltigkeit. Der Atrophie der für den Fuß zuständigen Muskulatur (Wade) muß zuverlässig vorgebeugt werden, da Stürze für alte Menschen mit einem besonders hohen Verletzungsrisiko verbunden sind (z. B. Schenkelhalsfraktur).

Der menschliche Fuß ist ein Schwerarbeiter. Bei mittlerer Lebenserwartung macht der Mensch etwa 160 Millionen Schritte in seinem Leben. Jede Bewegung auch nur eines Körpersegments verlangt infolge der Körperschwerpunktverlagerung eine neuartige Unterstützungskonfiguration von Seiten der Füße. Es geht maßgeblich um den sicheren Stand in der Bewegung. Das erfordert kräftige und in ihrer Bewegung kontrollierte Füße.

Der Fuß hat bei der Fortbewegung beträchtliche Kräfte zu übertragen. Sein Drehpunkt sind die Sprunggelenke, in denen Plantar- und Dorsalflexion sowie Drehung stattfinden und die durch straffe Kapseln und feste Bänder gesichert und geführt werden müssen. Eine besondere Bedeutung haben bei diesem Vorgang der vordere Schienbeinmuskel sowie der lange Wadenbeinmuskel. Diese übernehmen in Gestalt einer steigbügelartigen Schlinge eine muskuläre Sicherungsfunktion der Sprunggelenke. Die Kraftübertragung auf den Fuß als Vortriebshebel erfolgt über einen langen Kraft- und kurzen Lastarm. Die Achillessehne, der diese Kraftübertragung gegen die irdische Gravitation maßgeblich obliegt, ist die stärkste

Sehne des Körpers; auch diese wird bei ungenügender Beanspruchung geschwächt und damit verletzungsanfällig.

Neben der Kraft sorgt die Zuverlässigkeit einer koordinativen Steuerung der Fußmuskulatur für Standsicherheit und zielgerichtete Bewegungen. Bei zahlreichen Bewegungshandlungen bestimmt die Qualität der Fußmotorik die Koordination des Gesamtkörpers (s. Kap. 5).

Die Fußsohle verfügt über eine große Dichte von Rezeptoren als Ursprung für Informationen; diese sichern u. a. die zuverlässige Rückmeldung der Lastverteilung und der Balance. Sie sind weiterhin der Ausgangspunkt für eine Reihe von wesentlichen Reflexmechanismen für Korrekturbewegungen. Bemerkenswert sind in diesem Zusammenhang auch Fernwirkungen auf das Abwehrsystem (naßkalte Füße als Auslöser für den Niesreflex bzw. als Ursache für eine Beeinträchtigung des Immunsystems).

Das Fußgewölbe und ein angemessenes Fettpolster im Bereich der Fersen stellen ein wichtiges Moment der Absorption vertikaler Stoßwellen dar. Dieser „Stoßdämpfer" verliert im Alter an Wirksamkeit, weil das Fettpolster sich verschmälert. Eine solche Entwicklung kann durch eine adäquate Beanspruchung verzögert werden; andererseits sind stärkere Stauchungen im Alterssport aber zu vermeiden.

Eine ungenügende Ausprägung der für den Fuß zuständigen Muskulatur ist insbesondere im Alter weit verbreitet. Die Inaktivitätsatrophie berührt primär die Arbeitsmuskulatur, in der Folge erfaßt sie jedoch auch Bänder, Sehnen, Knorpel und Knochen. Eine solche Situation führt zu Standunsicherheit, Stolpergefahr, Umknicken und generell zur „Pannenbereitschaft". Die Belastungstoleranz und

Druckaufnahmefähigkeit des Fußes ist herabgesetzt. Auch ist die Fußschwäche der Ausgangspunkt einer raschen Ermüdbarkeit und einer ungenügenden Erholungsfähigkeit der Fußstrukturen. Wadenkrämpfe sind bei atrophischer Muskulatur relativ häufig.

Fußfehler haben beim alten Menschen eine hohe Prävalenz. Die Folge davon sind Störungen der Gelenkmechanik und -funktion sowie Mängel in der Tragfähigkeit und Belastbarkeit. Ein Verfall der Fußhaltung stört den achsengerechten Muskelzug, verändert die Schwerkraftlinie und kann sich anderen Gelenken bis hin zur Wirbelsäule mitteilen und Anlaß zu Beschwerden sein. Hier handelt es sich um eine Entwicklung, die im Alter eher die Norm als eine Ausnahme ist, die aber durch eine sachbezogene Aktivität verzögert werden kann.

Ein Übergewicht drückt rein mechanisch bereits auf die kleine Druckaufnahmefläche des Fußes. Insbesondere bei Belastungsspitzen und hohen Aufprallkräften sind beträchtliche Bremsreaktionen beim Bodenkontakt abzufedern. Der Auftritt, der etwa 60 ms währt, verursacht bei hohem Eigengewicht eine verstärkte Stoßwelle, deren innere Verarbeitung vor allem bei ungenügend ausgeprägter Muskulatur mangelhaft bleibt.

Die Schuhmode widerspricht vielfach anatomisch-orthopädischen Gesichtspunkten. Insbesondere hohe Absätze (ab 4 cm Höhe) verändern die Lastverteilung merklich. Unter derartigen Bedingungen läuft man gewissermaßen auf einer schiefen Ebene wie im Zehenspitzengang und in Bremsstellung im Kniegelenk. Derartige Modeprobleme sind für alte Menschen (Frauen) allerdings kaum relevant. Dennoch sollte auch in dieser Hinsicht frühzeitig vernünftig und damit präventiv verfahren werden. Hier findet sich wahrscheinlich ein Grund dafür, daß Sturzunfälle bei

Frauen mehr als doppelt so häufig vorkommen wie bei Männern.

Mit ansteigendem Lebensalter nehmen muskelatrophische Erscheinungen und Beweglichkeitseinschränkungen im Bereich der Füße zu. Das eingangs dargestellte kleinschrittig tippelnde, unsichere, mitunter spastisch anmutende Gangbild ist der Ausdruck einer solchen Gegebenheit. Mängel in der Kraft und Koordination vermindern die Sicherheit „auf Schritt und Tritt". Die atrophiebedingte Ausdünnung der Knochenstrukturen mindert die „Werkstoffqualitäit" der Füße und begründet deren Brüchigkeit.

Angemerkt sei, daß sich mit zunehmendem Alter der Gipfel der Verletzungshäufigkeit von den Knie- zu den Sprunggelenken hin verlagert. Auch treten Symptome auf, die von einer Arthrose und Osteoporose sowie von einem minderwertigen Bandsystem ausgehen. Diese Erscheinungen sind die Konsequenz falscher Belastung bzw. unkritischer Entlastung der Füße. Belastungstoleranz, Verschleißfestigkeit und Bruchsicherheit sind herabgesetzt. Auch benötigt der atrophierte Fuß nach einer Belastung relativ lange Erholungszeiten.

Die Aktivität der für den Fuß zuständigen Muskulatur leistet einen bemerkenswerten Beitrag zur Entstauung der Beine und zum venösen Blutrückstrom aus der unteren Körperhälfte. Bis zu 40 % der Energie, die für den Transport des Blutes zum rechten Herzen benötigt wird, kann von der Beinmuskulatur aufgebracht werden.

Vor allem die Aktivität der Wadenmuskulatur schiebt das Blut in den Venen in Richtung Herz. Es wird in diesen Zusammenhang vom zweiten oder zusätzlichen Herzen gesprochen. Die Muskelpumpe entstaut die unteren Extremitäten und entlastet das Herz. Schwellung der Füße ist nicht nur durch Hochlagerung, sondern auch durch Aktivität zum Verschwinden zu bringen. Auch mit Rücksicht auf den Kreislauf sollte jeder Anlaß genutzt werden, die Füße zu mobilisieren.

Sekundärschäden bestimmter Erkrankungen manifestieren sich in typischer Weise am Fuß („Raucherbein", „Diabetikerfuß"). Angemessene Bewegung vermag eine solche Entwicklung zu verzögern.

Kräftige und koordiniert einsetzbare Füße haben zweifellos auch Rückwirkungen auf die Psyche. Die Zuverlässigkeit der Funktion der Füße tritt vor allem in adäquaten Bewährungssituationen in das Bewußtsein und bringt eine positive emotionale Komponente zur Geltung.

Der Bewegungsmangel beeinträchtigt die „Gebrauchseigenschaften" des menschlichen Fußes und wird somit zum Ausgangspunkt für eine Reihe von Risiken für die Gesundheit. Eine regelmäßige gezielte Bewegungsaktivität ist für die Füße von hoher Stichhaltigkeit. Entsprechende gymnastische Fußprogramme liegen ausgearbeitet vor. Jedoch bietet auch für den alten Menschen der Alltag zahlreiche Gelegenheiten, die Füße zu mobilisieren und diese dabei bewußt zu kräftigen.

Folgende Möglichkeiten bieten sich z. B. an: **Fußkreisen** (in öffentlichen Verkehrsmitteln, am Schreibtisch, vor dem Fernsehapparat), **Gehen mit langem Schritt und dabei Gewichtsverlagerung, kräftiges Abrollen des Fußes, Gehen auf Ballen oder Ferse, auf Innen- oder Außenkante, Anheben der Ferse im Stand** (Wippen), **beim Treppensteigen nur bis zur Fußmitte auftreten und Körper hochdrücken, Balancieren** (auf hartem, weichem, unebenem Grund), **Drehen auf einem Bein** (Tanzen), **Barfußgehen, Spreizen der Zehen, Gegenstand mit den**

Zehen heranziehen, Tuch mit den Zehen aufheben. In Rückenlage Beine senkrecht hochheben und Füße auf- und abkippen.

3.4 Praktisches Vorgehen

Das im Schwerpunkt auf Krafterwerb gerichtete Training des alten Menschen sollte auf Vielseitigkeit gerichtet sein. Diese Forderung nach **Vielseitigkeit** hat drei Aspekte:

- Alle körperlichen Fähigkeiten sollen einbezogen werden. Bildhaft ausgedrückt ließe eine Monokultur einen Acker auf Dauer veröden. Das Krafttraining muß stets mit Beweglichkeitsübungen verbunden werden, denn Kraftübungen hinterlassen am Muskel Kontraktionsrückstände, die ohne Ausgleich zur Unbeweglichkeit („Steifheit") führen würden. Ein gewisses Maß an Ausdauer kann erworben werden, indem Kraftübungen mit deutlich submaximaler Last oft wiederholt werden.
- Vielseitigkeit bedeutet auch Allseitigkeit. Alle Körperpartien, von Kopf bis Fuß, vom Scheitel bis zur Sohle, sollten in das Training zum Krafterwerb einbezogen werden. Die Seitendominanz des Alltags (zumeist rechts) sollte im Training keinesfalls zur Geltung kommen. Auch zeigt sich beim Krafttraining vielfach eine Oberkörperdominanz; Rumpf und Beine müssen angemessen eingebracht werden. Die Kraft sollte durch einen Ganzkörpersport erworben werden; es geht um Harmonie und Proportionalität. Beim Krafttraining für die einzelnen Körperbereiche empfiehlt es sich, in Serie vorzugehen, d. h., daß abwechselnd Muskeln geschult werden, die möglichst weit voneinander entfernt gelegen sind.
- Das Training soll ganzjährig sein. Vielseitigkeit bedeutet aber auch Abwechslung (s. Kap. 18). Die Trainingsin-

halte und Belastungsstärken müssen variabel bleiben. Schwankungen auch in der Trainingshäufigkeit sollten gegeben sein. Gerade im Alterssport darf eine versäumte Trainingseinheit kein schlechtes Gewissen bewirken. Ein 08-15-Vorgehen ist nachteilig. Gelegentlich ist ein inhaltlicher, zeitlicher und örtlicher Wechsel zu empfehlen.

Ein Kraftgewinn ist über einen unterschiedlichen Gebrauch der Muskelfunktion möglich. Von Interesse ist in diesem Zusammenhang für den Alterssport das Wissen um die Reaktion auf isotonische und isometrische sowie auf konzentrische und exzentrische Muskelkontraktionen. Die Gegenüberstellung von isotonisch und isometrisch kennzeichnet Muskelaktionen im Sinne von dynamisch und statisch, von bewegen und halten (anspannen). Im ersten Fall tritt eine sichtbare Verkürzung des Muskels ein, gefolgt von einer Bewegung im Gelenk; im zweiten Fall entwickelt der Muskel Zugspannung, und es findet eine Fixierung des Gelenkes statt.

Bei der Kraftentwicklung im Alterssport wird vorrangig an kraftvolle Bewegungen gedacht. Im Alterssport verdienen jedoch in besonderem Maße **Anspannungsübungen** Aufmerksamkeit. Derartige Halteübungen bauen den Muskel ebenso auf wie Bewegungen. Dabei werden bestimmte Muskeln, z. B. Oberschenkel, Gesäß, Schultergürtel angespannt und für einige Sekunden in fester Spannung gehalten. Naturgemäß erfaßt ein solches Herangehen vor allem die Haltemuskulatur (vorrangig langsamkontrahierende Muskelfasern, STF). Für alte Menschen ist jedoch die Muskulatur, die den Körper gegen die Schwerkraft hält und die relativ ermüdungsresistent ist, besonders wichtig. Ihre gute Ausprägung beugt zweifellos dem Verschleiß vor. Hinzu kommt, daß Spannungsübungen, im Gegensatz zu bestimmten Bewegungsübungen, risikofrei sind! Bei der Kräftigung der Muskulatur auf diese Weise werden die Gelenke nicht strapaziert! Auch sind Verletzungen bei der Durchführung von Spannungsübungen ausgeschlossen. Sporttreibende alte Menschen und Übungsleiter müssen in viel höherem Maße als es heute noch geschieht, auf isometrische Muskelkontraktionen, auf Spannungsübungen zurückgreifen, bei denen im Gelenk keine Bewegung stattfindet. Die Erfahrung zeigt, daß sich bei diesem Vorgehen relativ schnell Muskulatur aufbauen läßt; wird allerdings mit dem Üben ausgesetzt, bildet sich die erworbene Muskelmasse auch schnell wieder zurück.

Beim Krafttraining im Alterssport können Fehler gemacht werden. Einige grundsätzliche Aspekte der Risikominimierung seien noch einmal genannt:

- Riskante Körperstellungen sind zu meiden.
- Ungünstig ist es, höhere Lasten stehend zu bewältigen. Dabei wird oftmals eine Hohlkreuzstellung eingenommen, die für die Statik der Wirbelsäule in ihren unteren Abschnitten (lumbosakraler Übergang) gefährdend ist.
- Gewichte sollten bei Entlastungslagerung auf möglichst harter Unterlage bewegt werden. Dabei muß der Lenden-Kreuzbein-Übergang bewußt nach unten gedrückt, d. h. dem Hohlkreuz entgegengewirkt werden. Sehr hohe Lasten sollten von Alterssportlern ohnehin vermieden werden. Es käme unter derartigen Bedingungen leicht zu Ermüdungsfehlern, die den Bewegungsablauf verunsichern. Es ist wesentlich günstiger, mit geringerer Last mehrere Wiederholungen auszuführen und nach einigen Übungen das Gewicht abzusetzen.
- Es ist erwiesen, daß das Pausenregime beim Training für den Kraftgewinn eine bedeutende Rolle spielt. Op-

timal sind mehrere Belastungsserien mit deutlich submaximalen Lasten, denen „schöpferische" Pausen zwischengeschaltet sind. Ein solches Vorgehen sichert auch ein gutes Verhältnis von Belastung und Erholung.

Zum Krafttraining kann auch die **exzentrische Muskeltätigkeit** verwendet werden. Diese läuft z. B. so ab, daß eine Hilfsperson durch Zug am Unterarm das gebeugte Ellenbogengelenk zu strecken sucht, während der Übende dem Zug stark bremsend nachgibt. Ähnliche Verhältnisse im Sinne des bremsenden Nachgebens sind auch beim Berg- und Treppengehen abwärts gegeben. Eine solche Form des Krafttrainings ist sehr wirksam; sie sollte jedoch im Alterssport nur gelegentlich und in relativ milder Weise Anwendung finden, da sich sonst Muskelstörungen nicht ausschließen lassen.

Das Krafttraining im Alterssport muß gelenkschonend durchgeführt werden. Dazu gehört, daß extreme Winkelstellungen der Gelenke vermieden werden; unter diesem Aspekt ist insbesondere die Hocke, die Tiefkniebeuge, zu nennen (s. Kap. 3.2). Grundsätzlich sollte ein belastetes Gelenk nicht ruckartig an seinen Anschlag geführt werden. Beim Üben in aufrechter Körperhaltung ist eine sichere Ausgangsposition einzunehmen; Breitbeinigkeit macht den Stand sicherer.

Gegen die Hand-über-Kopf-Arbeit gibt es im Sportbetrieb keinen Einwand. Diese kann auch im Alterssport vorübergehend bei milden Kraft- sowie bei Koordinations- und insbesondere Beweglichkeitsübungen durchgeführt werden.

Das Krafttraining im Alterssport kann sich einstellen auf die Beherrschung des eigenen Körpergewichts, und es kann sich beweglicher Geräte (z. B. Hanteln) oder fester Geräte (Kraftapparate) bedienen. Hinsichtlich des Risikos kann es bei diesen Formen des Herangehens keine verabsolutierende Wertung geben; entscheidend ist die qualifizierte Ausführung. Dennoch ist das Krafttraining über die Bewältigung des eigenen Körpergewichts nicht nur am einfachsten und überall durchführbar, sondern es ist auch vielgestaltig möglich, effektiv und, wenn Fahrlässigkeit unterbleibt, ohne Risiko. In „Kraftmaschinen" sind die Kraftabläufe in Bahnen (Schienen) in bestimmten Ebenen geführt. Die Konstruktionen sind zumeist biomechanisch berechnet, und sie berücksichtigen physiologische und orthopädische Gesichtspunkte der Sicherheit. Verletzungen kommen kaum vor; es ist im Alterssport jedoch die Verleitung groß, zu schwere Lasten aufzulegen. Bei der Nutzung freier Geräte (Hanteln, Gewichte, Medizinbälle) ist das Verletzungsrisiko unverkennbar. Der Übende kann ausrutschen oder stolpern, oder die Bewältigung der Last kann unverträgliche Gelenkstellungen und Körperpositionen provozieren. Freie Gewichte sind im Alterssport stets problematisch, und bei ihrer Verwendung im Krafttraining ist hohe Sorgfalt angebracht. Der Umgang mit freien Gewichten kann zur Koordinationsschulung genutzt werden.

Bei der Ausführung von kraftbetonten Übungen besteht immer die Gefahr der Preßatmung (s. Kap. 8.1); die freie Atmung hat im Alterssport hohe Priorität.

3.5 Kraft und Knochendichte

Die Knochen und ihre gelenkigen Verbindungen sind eine unverzichtbare Grundlage für jede Bewegung. Der Knochen hat einen intensiven Stoffwechsel, er wird ständig umgebaut und erneuert; dabei sollten im Erwachsenenalter Knochenabbau und -bildung im Gleichgewicht sein, so daß die Knochenmasse unverändert bleibt.

Diese permanente Remodellierung des Knochens hängt entscheidend von der gegebenen hormonellen Situation, von der Ernährung und vom einwirkenden mechanischen Streß ab.

Die im Alter – insbesondere bei Frauen nach den Wechseljahren – stattfindenden hormonellen Umstellungen reduzieren den Knochenschutz; dieses Defizit an Geschlechtshormonen erschwert die Knochenanlagerung, so daß es gesetzmäßig zu einer Ausdünnung des Knochens kommt, was der Brüchigkeit und dem Gelenkverschleiß Vorschub leistet. Auf die Hormonbildung im Alter hat der Sport in der altersgerechten Dosierung nur einen geringen Einfluß.

In der Ernährung spielen für den Erhalt des Knochens vor allem Mineralien (Calcium, Phosphor, Fluor) und Vitamine (D) sowie eine ausreichende Proteinversorgung eine Rolle. Man spricht in diesem Zusammenhang von einer knochenfreundlichen Ernährung. Da Sporttreibende über Ernährungsprobleme im Regelfall gut informiert sind und auf eine bedarfsgerechte Ernährung achten, sind sie gegenüber Nichtsporttreibenden im Vorteil. Für den Übungsleiter im Alterssport gilt, daß er sich selber in den Fragen der alterssportbezogenen Ernährung weiterbildet und seine diesbezüglichen Kenntnisse beiläufig in den Übungseinheiten weiterreicht. Nur angemerkt sei, daß Alkohol und Zigarettenrauchen gewissermaßen am Knochen nagt; auch der Diabetes mellitus, Durchblutungsstörungen, bestimmte Medikamente oder Diäten können einen negativen Einfluß auf die Knochenstruktur im Alter haben.

Der Sport vermittelt dem Knochen den mechanischen Streß, der auf Knochenmasse und -struktur einen Einfluß hat. Diese Gegebenheit trat anfangs durch die entsprechende Negativsituation in das Bewußtsein. Lähmungszustände, lange

Bettruhe, das Gehen an Krücken u. a. führte zu einem markanten Verlust an Knochensubstanz. Geradezu dramatisch ist der Knochengewebsschwund bei Astronauten, die längere Zeit der Schwerelosigkeit ausgesetzt sind. Es kommt zu einer markanten Rückbildung der Knochen, die mit Festigkeitsverlust verbunden ist; man spricht von Gummiknochen.

Eine körperliche Entlastung zieht eine bedeutende Schwächung des Knochens nach sich. Eine solche Aussage läßt den Umkehrschluß zu, daß Belastung den Knochen stärkt. Inzwischen wurde oftmals nachgewiesen, daß ein Skelettaufbau und -abbau parallel zum Muskelaufbau und -abbau stattfindet. Diese Anpassungsgemeinsamkeit von Knochen und Muskel ist nach beiden Seiten offen, d. h. sie ist jederzeit umkehrbar. Die Muskelaktivität unterliegt jedoch dem Willen, und sie kann willkürlich z. B. im Sinne des Sports in Funktion gesetzt werden. So läßt sich über die Muskelaktivität die Knochendichte beeinflussen. Daß die sportliche Belastung gewissermaßen in die Knochen geht, ist daraus ersichtlich, daß z. B., wie Knochendichtemessungen ergaben, bei Tennisspielern der Spielarm eine bis zu 30 % höhere Knochendichte aufweist als die Gegenseite. Bergbewohner, die viel steigen müssen, haben auch im Alter besonders feste Knochen der unteren Extremitäten.

Im Alter kommt es weitgehend gesetzmäßig zu einem Rückgang der Knochenmasse. Wird diese bei 25jährigen mit 100 % angenommen, so beläuft sich der entsprechende Wert bei 60jährigen Frauen auf 65 % und bei gleichaltrigen Männern auf 75 %. Betroffen sind vor allem die gewichttragenden Knochen (Beine, Wirbelsäule), aber durchaus auch die Armknochen. Es versteht sich von selbst, daß unter solchen Bedingungen die Festigkeitseigenschaften spürbar zurückgehen und das Knochenbruchrisiko zunimmt. Für den Alterssportler und seinen Übungsleiter mahnt ein solcher Befund zur Vorsicht und zur Meidung riskanter Übungsabläufe. Eine plötzlich erhöhte Belastung kann bereits den Boden für einen sog. Altersbruch bereiten.

Das Altern muß auch am Knochen nicht nur Rückbildung bedeuten. Die Demineralisation des Knochens, die Osteoporose, als eines der häufigsten Leiden im Alter überhaupt läßt sich aufhalten und vorübergehend sogar umkehren. Die Osteoporose wird durch Inaktivität gefördert und durch Aktivität (= Belastung) aufgehalten. So zeigte z. B. eine schwedische Studie, daß Frauen, die mit 80 Jahren adäquate Übungen begannen, nach 3 Jahren eine Zunahme der Knochendichte von 4,2 % am Unterarm aufwiesen, während bei der Kontrollgruppe ein Verlust von 2,5 % zu verzeichnen war. Vergleichbare Untersuchungsergebnisse existieren inzwischen mehrfach.

Die dargelegten Befunde besagen, daß eine **kunstgerechte Belastung den Knochenstoffwechsel des alten Menschen anregt und den Knochendurch- und -aufbau fördert.** Eine solche Tendenz ist fraglos nicht beliebig weitgehend zu erreichen; jedoch ist das Ausgangsniveau für gewöhnlich sehr niedrig, so daß bei entsprechender Anforderung ein relativ rascher Zugewinn stattfinden kann.

Ein angemessener Sportbetrieb im Alter, der auf eine bestehende Osteoporose eingeht, vermag den Knochen zu verstärken und damit seine „Gebrauchseigenschaften" zu verbessern (oder zumindest deren Rückgang zu verzögern). Damit ist die **Tragefähigkeit** und **Strapazierfähigkeit** verbessert. Ein solcher Knochen besteht auch eher den „Test auf Biegen und Brechen", d. h., die Bruchschwelle ist erhöht. Im Zusammenhang mit der gekräftigten Muskulatur ist auch die Osteoporosesymptomatik gemildert. Weiterhin ermüdet ein adaptierter Knochen schwerer, und er erholt sich nach ermüdenden Belastungen rascher.

Bei der Osteoporose im Alter läßt sich intervenieren. Zunächst gilt wie vielfach bei präventiven Ansätzen, daß die Vorbeugung möglichst schon im Kindesalter beginnen sollte. Die prophylaktische Absicht des Alterssports ist darauf angelegt, den Knochen voraussetzungsgerecht zu belasten. Druckbelastungen sind besonders (nach der Auffassung einiger Wissenschaftler ausschließlich) wirksam. Fraglos ist das **Treppensteigen** eine gute Übung ebenso wie das **Radfahren**. Für die Arme käme z. B. der Stütz im Barren in Betracht oder auch der Liegestütz (gegebenenfalls ohne Armbeugen). Inzwischen liegen sachgerechte Programme einer Osteoporosegymnastik ausgearbeitet vor, nach denen verfahren werden kann. Wichtig bleibt, daß kräftigende Handlungen in das Alltagsleben eingebaut werden; es geht auch hier um den aktiven Lebensstil.

Die Osteoporose im Alter ist gegenwärtig eine Herausforderung für den Gesundheitsschutz. Der Knochengewebsschwund ist mehr oder weniger bei alten Menschen universell. Diese Erscheinung führt nicht zum Tode, aber sie kann belastende Beschwerden verursachen, alten Menschen beträchtliche Leiden bereiten und damit die Lebensqualität und die Unabhängigkeit einschränken. Die durch Osteoporose der Wirbelsäule eintretende Deformierung der Wirbelsäule („Witwenbuckel") kann Atmung und Herztätigkeit erschweren. Vor allem aber erhöht sich die Frakturneigung; schon relativ „belanglose" Stürze führen zum Knochenbruch. Die Probleme, die eine Schenkelhalsfraktur mit sich bringt, sind hinreichend bekannt; auch Unterarmfrakturen (Abstützen beim Hinfallen) sind geläufig. Die Heilungstendenz ist bei den gegebenen Voraussetzungen des Knochenmaterials ausgesprochen schlecht. Die „Altersbrüche" sind nicht nur ein gesundheitsstrategisches, sondern in hohem Maße auch ein menschliches und soziales Problem.

Es geht somit auch in der Praxis des Alterssports um zwei Leitlinien. **Zunächst gilt der Grundsatz „safety first", um riskante Situationen auszuschließen. Sodann ist das Programm so zu organisieren, daß eine Stabilisierung der Knochenstruktur erwartet werden kann.**

Es wird noch dargelegt (s. Kap. 16), daß eine zwar noch kleine, aber doch zahlenmäßig zunehmende Gruppe von Alterssportlern in den Sportbetrieb leistungssportliche Gesichtspunkte einbringt. Diese alten Sporttreibenden verfügen im Regelfall altersbezogen über einen guten Zustand ihres Skeletts; dennoch befinden sie sich hinsichtlich ihrer Knochen und Gelenke in einer Risikolage.

Der auf Wettkampfteilnahme gerichtete Alterssport ist in der großen Mehrzahl der Sportarten „knochenhart". Es wirken beträchtliche Kräfte ein, die wohl das Knochengewebe stärken können, die aber auch Überlastungsschäden an den Gelenken auslösen können. Schnelle oder gar explosive Bewegungsabläufe bedeuten Kraftspitzen, Aufsprünge oder gar einbeinige Niedersprünge bewirkten starke Bremsstöße in der Landephase. Auch ständig wiederholte Abläufe mit mittlerem Kraft-Zeit-Verlauf beanspruchen die Gelenke in hohem Maße; sie wirken als Mikrotraumen, die sich im Laufe der Zeit aufsummieren und schließlich als Verschleiß mit Beschwerden in Erscheinung treten. Besonders betroffen sind Sprung-, Knie- und Schultergelenke, dann folgen Hüft- und Ellenbogengelenke; die Wirbelsäule als vielgliedriger Gelenkstab ist stets gefährdet. Bei leistungssportlicher Betätigung im Alter sollte stets der potentielle Schaden gegen den Nutzen abgewogen werden; Maßnahmen, die die Knochen und die Gelenkstrukturen schonen und schützen, sind dringend geboten.

Der Alterssport ist in Bezug auf das Skelett in besonderem Maße ambivalent. Nutzen und möglicher Schaden liegen besonders dicht beieinander. Die potentiellen Nachteile sind aber weitgehend vermeidbar. Sicher ist jedoch, daß der Bewegungsmangel zu Rückbildungserscheinungen führt und davon betroffene Knochen und Gelenke anfällig sind und schon bei relativ geringer Belastung Schaden nehmen können. Der Kernsatz „Jeder hat das Skelett, das er verdient bzw. das er sich verdient" ist zwar nicht frei von Einseitigkeit, er ist für den Sport und vor allem für den Alterssport jedoch recht anschaulich.

4 Bewegungsschnelligkeit

Schnelligkeit ist die Fähigkeit, motorische Aktionen in kürzester Zeit zu realisieren. Dabei gehen vom Zentralnervensystem starke Impulse aus, der angesteuerte Muskel vollzieht schnelle Kontraktionen, und den zugeordneten Gelenken werden dementsprechend schnelle Winkeländerungen aufgezwungen.

Die Schnelligkeit steht in einer engen Beziehung zur Kraft (Kraft = Masse x Beschleunigung bzw. Beschleunigung = Kraft : Masse). Bei schnellen Bewegungen wirken somit starke Kräfte auf die beteiligten Gelenke ein.

Die Begriffe gesund und geschwind bringen nicht nur eine Lautmalerei zur Geltung; sie gehen auf denselben Wortstamm zurück. Schnelligkeit und Gesundheit wurden in eine ursprüngliche Beziehung zueinander gebracht. Eine solche Bewertung hängt wahrscheinlich damit zusammen, daß sich im Verlauf der Gesundung nach einer Krankheit die Rückkehr schneller Bewegungen beobachten läßt. Die Ausführung maximal schneller Bewegungen dürfte nie ein echtes Praxiskriterium für die Gesundheit gewesen sein.

Zu unterscheiden sind verschiedene Formen der Schnelligkeitsrealisierung. Den Alterssport tangieren vor allem die **lokomotorische Schnelligkeit** und die **Explosivschnelligkeit**; beide Modelle können als Aktion und als Reaktion in Erscheinung treten.

Maximal schnelle Bewegungen im Bereich der Hände (und Füße) sind – wie auch „Kleinraumbewegungen" in großen Gelenken – uneingeschränkt positiv zu bewerten. Maximal schnelle Bewegungen, die darüber hinausgehen, müssen im Alterssport als kritisch eingestuft werden.

Der positive Stellenwert, der der Schnelligkeit im Bewußtsein beigegeben ist, leitet sich vor allem aus der hohen Bedeutung im Leistungssport ab. Im Spitzensport ist die Bewegungsschnelligkeit eine entscheidende Leistungsvoraussetzung, und sie wird vielfach zu einem leistungsbestimmenden Faktor.

Die Bewegungsschnelligkeit ist fest verbunden mit der Bewegungsintensität, und diese hat, ausgehend von den ihr zugrunde liegenden organismischen Mechanismen, kaum einen Gesundheitswert. Sehr intensive Bewegungen, die von größeren Muskelgruppen ausgeführt werden, bewirken im Körper „Notfallreaktionen", deren gesundheitliche Stichhaltigkeit begründet in Frage gestellt werden kann. Hinsichtlich der Gesundheitsrelevanz nimmt im Erwachsenenalter die hohe Bewegungsschnelligkeit den letzten Rang unter den motorischen Fähigkeiten ein. Sie spielt lediglich eine gewisse Rolle bei der Unfallprävention.

Beobachtung und Erfahrung demonstrieren, daß mit ansteigendem Lebensalter die maximale Schnelligkeit, d. h. die hohe Intensität sportlicher Bewegungsabläufe in einem stärkeren Maße zurückgeht als das bei den anderen Fähigkeiten der Fall ist („Ein alter Mann ist doch kein D-Zug."). Eine solche Entwicklung ist die Reflexion körperlicher und psychischer Barrieren.

Zunächst sind intensive Bewegungen anstrengend, und sie führen kurzfristig in die Ermüdung; schon im Spitzensport gilt die Aussage „Nicht die Strecke – das Tempo tötet!" Mit zunehmendem Alter geht der Mensch intensitätsbedingten sportlichen Anstrengungen und Ermüdungszuständen aus dem Weg; er vermag auch die Sinnhaftigkeit derartiger Belastungen für sich nicht mehr auszumachen. Eine solche vertraute Bewertung scheint biologisch akzeptabel, da sehr schnelle Bewegungen für alte Menschen riskant sind. Die Risiken intensiver Schnelligkeitsanforderungen ergeben sich aus den nachfolgend beschriebenen Mechanismen.

Hohe Intensitäten führen partiell zur Energiebereitstellung auf anaerobem Weg, d. h. ohne Zutritt von Sauerstoff. Eine solche Stoffwechselsituation hat eine Anhäufung von Laktat, dem Endprodukt des anaeroben Stoffwechsels im Muskel, im Blut und in anderen Körpergeweben zur Folge. Es tritt eine Säuerung ein. Das ist stets der Ausdruck einer Notfallreaktion. Derartige Auslenkungen der Laktatkonzentration und des pH-Wertes werden vom älteren Menschen schlecht toleriert. Die laktatbedingten „Turbulenzen" im Körper machen die Organe labil und schädigungsanfällig. Das gilt insbesondere auch für den Gelenkknorpel, der bei schnellen Bewegungen ohnehin stark exponiert ist. Der Knorpelstoffwechsel wird durch das Laktat beeinträchtigt, wodurch der Boden für Schäden bereitet werden kann. Weiterhin fördert das Laktat eine mögliche Verklumpung der roten Blutkörperchen, wodurch sich das Risiko einer Thrombose erhöht. Das freigesetzte Laktat unterstützt das Auftreten freier Sauerstoffradikale, die gewebeschädigend wirken und damit die Ausprägung von Alternsvorgängen begünstigen können (s. Kap. 13).

Die Gelenke alter Menschen weisen im Regelfall mehr oder weniger ausgeprägte Abnutzungserscheinungen auf. Sehr schnelle Bewegungen verursachen unter diesen Bedingungen Beschwerden und lösen dadurch Hemmprozesse aus. Explosive Bewegungen gelten als besonders gelenkunfreundlich, da große Energiemengen auf das jeweilige Gelenk übertragen werden („Gelenkkiller"). Unter diesem Aspekt darf die Aufmerksamkeit nicht allein auf die Beschleunigungsaktion gerichtet werden; mögliche Bremsvorgänge (z. B. Niedersprünge) sind sogar riskanter.

Die großen Mittelgelenke der Extremitäten (Knie-, Ellenbogengelenke) verfügen bei vollständiger Streckung über eine automatische Sperre, die eine Überstreckung verhindert. Starke Streckbewegungen (Sprung, Schlag gegen den Ball, Wurf, Stoß) führen bei vollendeter Streckbewegung zu einem harten Anschlag in diesen Gelenken; die ruckartige Entschleunigung der Bewegung stellt einen starken Impuls dar, der zur Förderung des Verschleißes oder zur Selbstverletzung führen kann. Dagegen stellen sich sehr schnelle Beugebewegungen gegen einen in diesem Fall weichen Anschlag relativ gut verträglich dar.

Generell ist die schnelligkeitsbedingte Gefahr der Schädigung bei Kälte größer als in der Wärme (deshalb Gelenke warmhalten!). Zu vermeiden sind grundsätzlich schnelle Bewegungen bei unsicherem Stand, unberechenbare Abläufe, unkontrollierter Gegnerkontakt, Stops, Antritte, Finten, Einbeinbelastungen u. a. Derartige Situationen stellen einen erheblichen Gelenkstreß dar; sie provozieren Verletzungen bzw. weiteren Verschleiß.

Der von der Großhirnrinde ausgehende nervale Impuls für Willkürbewegungen löst ohne nennenswerte Verzögerung innerhalb des Gehirns eine Befehlskopie aus, die in Gestalt eines Parallelimpulses zu den vegetativ gesteuerten Organen läuft und die das Kommando dafür gibt, daß diese Organe ohne größeren Zeitverzug in ihrer Funktion stimuliert werden, um die Muskeltätigkeit stoffwechselmäßig abzusichern. Von vorrangigem Interesse ist die Herzfunktion, die bei sehr schnellen Bewegungen buchstäblich einer Peitschenwirkung unterliegt. Von einem trägen und zunehmend vorgeschädigten System wird eine abrupte Umstellung verlangt. Auf diese Weise können bis dahin latente Störungen hochakut freigelegt werden. Es kann momentan ein schwerwiegendes Mißverhältnis von Sauerstoffbedarf und -angebot mit nachfolgendem Sauerstoffmangel für den Herzmuskel eintreten, oder es kann eine funktionelle Entgleisung im Sinne des Kammerflimmerns entstehen.

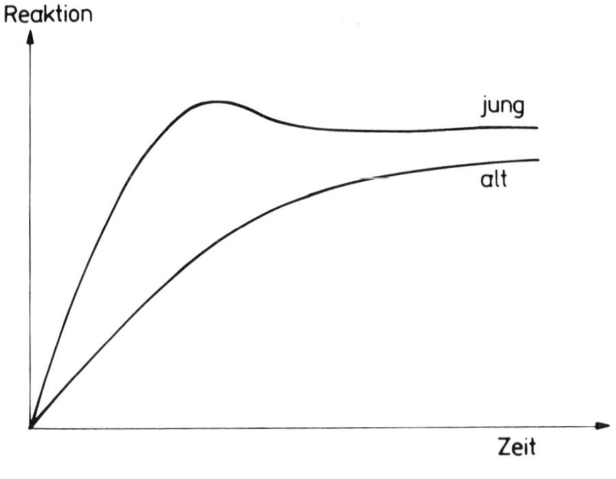

Abb. 2 Schematische Darstellung der funktionellen Reaktion bei jungen und alten Menschen zu Beginn einer intensiven Belastung

Die Umstellung von Ruhe auf Belastung (Schnelligkeit, Intensität) hat allmählich zu erfolgen, und schnelle oder abrupte Übergänge (Tempowechsel) während der Belastung sollten unterbleiben. Die Begründung für diese Empfehlung ergibt sich aus der Abbildung 2, die grobschematisch die typische Reaktionsweise einer organismischen Funktion bei einem jungen und einem alten Menschen auf einen akuten Reiz wiedergibt. Während der junge Mensch den hochakuten Stimulus prompt beantwortet, kommt es beim alten Menschen zu einer trägen reizadäquaten Einstellung des Systems. Mit ansteigendem Lebensalter sinkt die Reaktionsfähigkeit der Funktion innerer Organe – namentlich des Herzens – ab. Eine solche funktionelle Verfestigung ist zweifelsfrei ungünstig zu werten und bei Schnelligkeitsbelastungen in Rechnung zu stellen.

Eine potentielle Anpassungsreaktion der Herzfunktion an einen relativ schnellen (intensiven) Großmuskeleinsatz zeigt die Abbildung 3.

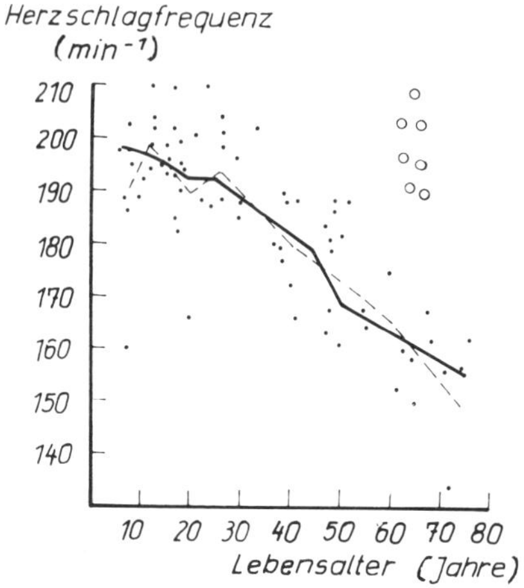

Abb. 3 Die Abhängigkeit der maximalen Herzschlagfrequenz vom Lebensalter (Robinson 1938). o = Ergebnisse eigener Untersuchungen an sehr gut trainierten Altersläufern

Nach vielfältigen Untersuchungen fällt die maximal erreichbare Herzschlagfrequenz mit fortschreitendem Alter kontinuierlich ab. In die grafische Darstellung sind Meßergebnisse von gut trainierten 65- bis 70jährigen Langstrekkenläufern im Ziel eines mit zügigem Spurt beendeten Wettkampfes im 10-km-Lauf eingetragen. Diese speziell sehr leistungsfähigen Altersläufer reagierten mit ihrer Ausbelastungs-Herzschlagfrequenz wie junge Menschen! Ein solcher Befund belegt, daß sich das Herz bei Menschen, die gewohnheitsmäßig eine sportliche Aktivität mit relativ hoher Intensität ausüben, prompt und in einem weiten Rahmen auf akute Anforderungen einzustellen vermag. Belegt ein solcher für den Alterssport außerordentlich wesentlicher Befund, daß die objektivierbar abnehmende maximal mögliche Herzschlagfrequenz nicht naturgesetzlichen Alternsveränderungen zuzuordnen ist, sondern daß diese Entwicklung vielmehr einen Trainingsverlust und ein Anpassungsdefizit ausdrückt? Fraglos zeigt das Grundmuster der Herzfunktion bei älteren Sporttreibenden Analogien zu den Verhältnissen bei jungen Menschen. Bei dem dargestellten Befund der sehr stark auslenkenden Reaktionen auf intensive Belastung sind jedoch unbedingt weitergehende Überlegungen anzustellen. Bei den untersuchten Personen handelt es sich um eine Selektion. Die dargestellte Antwortreaktion des Herzens auf eine verhältnismäßig intensive Belastung läßt sich nicht verallgemeinern, und sie darf keinesfalls als Grundlage für generelle Empfehlungen dienen. Die Mehrheit alter Menschen reagiert auf derartige Ansprüche mit Fehleinstellungen, mit Instabilitäten und mit Versagen. Diese Aussage bringt zur Geltung, daß es außerordentlich fragwürdig und riskant sein kann, einen verführerisch positiven Sachverhalt bei einigen Alterssportlern auf die Gesamtheit sportwilliger und sporttreibender alter Menschen auszudehnen.

Es gilt somit grundsätzlich, daß die inneren Organe – vor allem das Herz – bei alten Menschen „allergisch" sind gegen einen heftigen Impulszustrom, der von intensiven Belastungen ausgeht. Die Ansprechbarkeit ist verzögert, die Wege der Informationen sind nicht gebahnt, und die Verarbeitungskapazität ist herabgesetzt. Plötzliche Vorstöße in Grenzbereiche können zur Destabilisierung und Dekompensation führen. Die intensitätsbedingte unverträgliche Signalübertragung kann den Zusammenbruch zur Folge haben (die Sicherung geht durch; es kommt zum Kurzschluß). Zu einer derartigen potentiellen Reaktion tragen durchaus auch die starken nervalen Rückmeldungen bei, die, von der intensiv beanspruchten Muskulatur ausgehend, das zentrale Nervensystem erreichen.

Die gleichen Überlegungen gelten für den Abbruch einer relativ schnellen und intensiven Bewegungsaktion. Auch der **Übergang von Bewegung zur Ruhe muß allmählich stattfinden**. Auch unter derartigen Bedingungen kann es bei abrupter Veränderung zu gravierenden Fehlregulationen kommen. Die sehr schnelle Rückstellung bewegungsbedingt stark ausgelenkter Funktionen auf Ruheverhältnisse ist für alte Menschen riskant.

Das Training im Alterssport muß ein schnelligkeitsfreies Training sein. Es geht darum, keine unangemessen großen Energiebeträge in der Zeiteinheit freizusetzen; auch die Gelenke sind zu schonen. Da die Gesundheit stets Priorität besitzen muß, sollten maximal schnelle Bewegungen, die von größeren Muskelgruppen ausgehen, aus dem Alterssport verbannt sein. Auch muß bedacht werden, daß Schnelligkeit Streß bedeutet und Ängstlichkeit auslöst. Jede Hast erhöht die Fehlerwahrscheinlichkeit.

Schnelligkeit ist jedoch ein Begriff, der seine eigene Relativität einschließt. Zügige Bewegungen sind im Alterssport durchaus zulässig, sie werden sogar gefordert. Untersuchungen in Schweden kamen zu dem Ergebnis, daß von den überprüften 80jährigen Männern nur wenige und von den gleichaltrigen Frauen nicht eine einzige in der Lage waren, eine Straße mit hinreichender Geschwindigkeit zu überqueren. Es geht im Alterssport um das **gelegentliche Training flotter, lockerer Bewegungen.**

Das folgende Problem im Zusammenhang mit einer hohen Bewegungsschnelligkeit im Alterssport ist noch nicht hinreichend gelöst. Bei älteren und alten Menschen kommt es zu einem oftmals nachgewiesenen signifikanten Verlust an Muskelfasern. Dabei handelt es sich ganz überwiegend um solche Fasern, die für schnelle (und kraftvolle) Kontraktionen zuständig sind (fast-twitch-fibers). Es gilt bereits als sehr wahrscheinlich, daß die Abnahme der Zahl dieses Fasertyps damit zusammenhängt, daß die innervierenden Nervenzellen in den Vorderhörnern des Rückenmarks (große Alpha-Motoneuronen) zu Grunde gehen. Es ist nicht ausgeschlossen, daß diese Zellen „sich verabschieden", wenn sie über lange Zeiträume hinweg nicht angesprochen werden. Das Überleben von Nervenzellen ist entscheidend abhängig vom kontinuierlichen Kontakt mit ihren Zielzellen. Der retrograde Effekt der Muskelaktivität auf innervierende Zellen bedeutet für diese einen wesentlichen Informationstransfer, der wahrscheinlich nervale Wachstumsfaktoren freisetzt. Es projizieren sich lebenserhaltende Faktoren, die aus dem Muskel kommen, auf das Nervensystem. Ein solcher Vorgang der zentralen Resonanz bewahrt gute motorische Voraussetzungen für relativ schnelle und kräftige Bewegungen. Dieser Prozeß wertet zügig-flotte und gelegentliche verhältnismäßig schnelle Bewegungen im Altersport etwas auf, weil er ein biologisches Phänomen widerspiegelt, das typische Alternsvorgänge positiv zu beeinflussen vermag. Von Zeit zu Zeit sollte vom Alterssportler kurz die Ansprechbarkeitsschwelle der schnellkontrahierenden Mukelfasern durch locker-zügige Anforderungen überschritten werden, um die Rückbildung aufzuhalten. Der Wille zu solchen Bewegungsabläufen sollte nicht erlahmen.

Dennoch: Nicht zuletzt unter dem Einfluß fernöstlicher Bewegungsmodelle spricht man gegenwärtig gerne von der Ideologie der Schnelligkeit (Schnelligkeits-, Geschwindigkeitswahn) und von der Philosophie der Langsamkeit. Gefordert wird die „Entschleunigung" des Lebens und auch des Alterssports. Zweifellos ist die maximale Bewegungsschnelligkeit die motorische Fähigkeit mit der geringsten Gesundheitsrelevanz und ihre Praktizierung birgt ein gesundheitliches Risiko. Bei kritikvoll schnellen Bewegungen darf aber auch im Alterssport keine Unterforderung stattfinden; ihre Beherrschung verbessert das Befinden und fördert die Unabhängigkeit.

4.1 Das schnelligkeitsbezogene Paniksyndrom

Jenseits des 45. Lebensjahres kommt es zu einer zunehmenden Intensitätsempfindlichkeit. Eine solche Entwicklung ist naturgesetzlich; sie berührt allerdings manche Menschen kaum, während sie für andere zu einem Risiko werden kann. Eine Minorität klinisch gesunder älterer Sporttreibender muß zumeist nach dem 50. Lebensjahr zur Kenntnis nehmen, daß sich die Verträglichkeit gegenüber intensiven Belastungen markant einschränkt. Eine solche Entwicklung betrifft vor allem frühere Spitzensportler. Wird die Toleranzgrenze der Intensität überschritten, so kommt es zu ungewohnter Schwäche sowie zu Unruhe- und Angstgefühlen, die als vom Herzen ausgehend gedeutet werden; die Bewegungen werden unsicher, der Zustand wird als präkollaptisch empfunden. Schmerzen werden dabei nicht registriert. Für diesen Zustand wurde die Bezeichnung Paniksyndrom gewählt. Die Unterbrechung der Aktivität läßt die Symptomatik sogar noch mit besonderer Eindringlichkeit hervortreten. Eine sehr langsame Fortführung der Bewegungstätigkeit vermag die genannten beeindruckenden Mißempfindungen zu mildern; die Bewegung wirkt erleichternd, es herrscht jedoch noch ein „merkwürdiges" beunruhigendes Empfinden vor. Nach etwa 2 bis 3 Minuten ist der psychisch äußerst bedrükkende Zustand überwunden. Die Wiederaufnahme relativ intensiver Bewegungen löst kurzfristig erneut die beschriebene Episode aus. Beim Abschluß des Trainings erscheint der Zwischenfall überwunden, und es kann Wohlbefinden vorherrschen. Nach einer Latenz von 3 bis 24 Stunden tritt bei einigen Betroffenen in horizontaler Körperhaltung (z. B. nach dem Zubettgehen) aus einem Zustand der körperlichen Ruhe und des Wohlbefindens heraus die gleiche Störung ein, die während der relativ intensiven Belastung manifest geworden ist. Mitunter kommt es dadurch zu einem Aufschrecken direkt nach dem Einschlafen. Unter den gegebenen Umständen sind die auf das Herz bezogenen Angstzustände dominierend. Das Vorkommnis kann sich über eine Stunde und länger ausdehnen. Der Übergang in eine sitzende Haltung bzw. in langsames Gehen setzt die Stärke der Mißempfindungen herab, ohne sie allerdings zu beseitigen. Die allmählich aufkommende starke Müdigkeit führt schließlich zum Einschlafen; beim Erwachen herrscht wiederum situationsgerechtes Wohlbefinden. Die Symptomatik der beschriebenen Spätphase kann durch Alkoholgenuß oder durch eine reichliche Mahlzeit verstärkt werden.

Die ärztliche Untersuchung bis hin zum Herzkatheter ergab bislang bei Sportlern, die Paniksyndrome durchgemacht haben, unter den Bedingungen der Ruhe und bei mittlerer Belastung keine abnormen Befunde. In einem bekanntgewordenen Fall (59 Jahre; früher Straßenradrennsport der Meisterklasse) wurde eine ärztliche Akutversorgung nötig; es wurde ein intermittierendes Kammerflimmern des Herzens registriert. Ein solcher Befund signalisiert stets ein ernst zu nehmendes Risiko. Ein fataler Zwischenfall wurde noch nicht bekannt.

Eine bündige Erklärung für das Paniksyndrom des älteren und alten (Leistungs-)Sportlers ist noch nicht möglich. Offensichtlich liegt eine Intensitätsempfindlichkeit bei überdurchschnittlich leistungsfähigen langjährig Trainierenden vor. Es ist denkbar, daß von den motorischen Zentren sehr starke Kommandos auf vegetative Zentren ausstrahlen. Diese Signale markieren nervale Befehle, die u. a. das Herz zu hochakuter Umstellung nötigen. Eine solche hochakute leistungsgerechte Umstellung wird vom Herzen nicht ordnungsgemäß realisiert, das alternde Herz reagiert darauf u. a. mit einem Umschlag in rhythmische Unordnung.

Eine sehr bezeichnende Widersprüchlichkeit ist in der Inkonsequenz der Betroffenen zu sehen. Sie tendieren zur Abwiegelung; hypochondrische Züge sind vielfach nicht einmal im Ansatz gegeben. Sie wollen die körperliche Labilität bei hoher Belastung nicht akzeptieren. Sie fühlen sich gesund und leistungsfähig. Die Vorstellung, dem Altern Tribut zollen zu müssen, wird als befremdend zurückgewiesen (es kann nicht sein, was nicht sein darf). Eine psychische Ursache ist deshalb für den beschriebenen Zustand weitgehend auszuschließen.

Die Betroffenen testen immer wieder ihre Toleranz und suchen die Grenze der Verträglichkeit. Sie vermögen ohne außergewöhnliche Anstrengung das syndromprovozierende Intensitätslimit zu realisieren. Generell ist das wöchentlich 2 – 3malige Training unterhalb der Intensitätsschwelle bekömmlich und von Wohlbefinden begleitet und gefolgt. Sehr häufiges Training schafft allerdings eine Bereitschaft für das Auftreten eines Paniksyndroms.

Angesichts der schlechten Prognose des Paniksyndroms in Bezug auf Rückfälle sind die praktischen Schlußfolgerungen einfach zu ziehen. Nach den ersten Überempfindlichkeitsreaktionen auf Intensivbelastungen ist das Trainingsregime vom Grundsatz her umzuorientieren. Trainingsmethoden und Trainingsmittel, die ein hohes Intensitätsniveau herausfordern, sind aus dem Programm ausnahmslos zu eliminieren. **Jede Absicht, in der Trainingspraxis nach der Toleranzgrenze zu suchen, hat zu unterbleiben.** Es gibt dagegen keinen Einwand gegen ein **ausdauerbetontes Vielseitigkeitstraining** verschiedenster Art, in dem intensive Elemente (auch kurzzeitige) fehlen. Besonders anzuraten ist das **Wandern** zu Fuß oder mit dem Fahrrad, unterbrochen von Pausen, die mit einer **Gymnastik** (Kraft, Beweglichkeit; von Kopf bis Fuß) ausgefüllt werden.

5 Bewegungskoordination

5.1 Gesundheitswert

Unter Bewegungskoordination ist die **abgestimmte Organisation von Bewegungshandlungen** zu verstehen. Es geht um die effektive Lösung einer Bewegungsaufgabe. Die Bewegungskoordination zeigt sich in einer Optimierung von Bewegungsabläufen und in einer Bewegungsbeherrschung und -disponibilität. Die Umgangssprache bedient sich der Begriffe der Gewandtheit bzw. Geschicklichkeit (Hände).

Die Bewegungskoordination unterliegt maßgeblich **Steuerungs- und Regelungsvorgängen durch das Nervensystem**. Sie ist trainierbar; dieser Vorgang wird als motorisches Lernen bezeichnet.

Die Steuerung bewußter Bewegungshandlungen erfolgt über nervale Impulse, die im Regelfall ihren Ausgangspunkt in der motorischen Hirnrinde haben. Die Bewegungsregelung und -kontrolle basiert maßgeblich auf Signalen, die von Informationen aus der Peripherie ausgehen. Auch diese Mechanismen sind adaptabel. Die Rückmeldung über eine Bewegungsausführung erfolgt nach entsprechendem Training präziser, prompter und zuverlässiger; die Ansprechbarkeitsschwelle der einbezogenen Rezeptoren wird abgesenkt. Zu der propriozeptiven (Haut, Muskel, Sehne, Gelenk) und vestibularen Regelung einer Bewegung tritt die optische und akustische (audiovisuelle) Kontrolle. Eine verbesserte Reaktionsqualität und eine vergrößerte Verarbeitungskapazität dieser Rückkopplungsmechanismen kann als eine wesentliche Komponente einer koordinationsbezogenen Schutzfunktion angesehen werden, die mit ansteigendem Alter ständig wichtiger wird.

Die Bewegungskoordination realisiert sich als Muskelaktivität über Gelenkstellungen. Die Praxis belegt, daß den Bewegungshandlungen ein vielgelenkiges Ensemble, ein komplexes Bewegungsmuster zu Grunde liegt. Bei jeglicher Motorik sind die Teilprogramme zahlreicher Gelenke zeit- und raumgerecht partiturartig zusammenzufügen. Hier sei angemerkt, daß bereits die zuverlässige Aufrechterhaltung der Balance in aufrechter Körperhaltung im Schwerefeld der Erde eine komplexe präventive koordinative Leistung darstellt.

Ein motorisches Lerntraining erfordert Aufmerksamkeit und Konzentration. Bei komplizierten und riskanten Bewegungshandlungen stehen diese Eigenschaften dann dem älteren Trainierten bedarfsgerecht zur Verfügung, und sie können mit minimalem Zeitverzug abgerufen werden.

Die Koordination steht in Beziehung zur Bewegungsökonomie und zur Bewegungsschnelligkeit. Der letztgenannte Zusammenhang geht in die Reaktionsschnelligkeit ein, die bei Korrekturbewegungen unter dem Aspekt der Unfallprävention ausschlaggebend sein kann.

Eine gute Bewegungskoordination ist die Basis für eine hohe Bewegungsdisponibilität. Sie steht für die zuverlässige Realisierung einer motorischen Kraft-Raum-Zeit-Struktur. Die Fähigkeit, zielgerichtete und genaue Bewegungen als Aktion oder Reaktion, gegebenenfalls auch unter Zeitdruck, ausführen zu können, bringt namentlich für ältere Menschen psychische wie physische Vorteile zur Geltung. Sie festigt das Selbstbewußtsein, und sie minimiert Fehlschaltungen und damit Fehlerquoten bei motorischen Handlungen. Sie ist wesentlich für die Selbsterfahrung und Selbstsicherheit, und sie erhöht die körperliche Unabhängigkeit. Sie steht für die Steuerung von Bewegungshandlungen; eine defekte Steuerung ist – wie in der Technik – geradezu obligat mit Risiken verbunden.

Gut koordinierte Bewegungen gelten als ästhetisch. Sie können in Verbindung gebracht werden mit konventionellen Vorstellungen von Lockerheit, Gelöstheit, Harmonie und Eleganz. Das Bewußtwerden einer solchen Bewertung ist sehr dazu angetan, psychisch stabilisierend zu wirken und das Befinden zu verbessern.

Das Training der Bewegungskoordination wirft selbst im Alterssport keine ethischen Probleme auf; es kann keinen Schaden bewirken. Dieser kann gegebenenfalls allein von einer unqualifizierten Kombinierung mit Vorgehensweisen zur Verbesserung der konditionellen Fähigkeiten oder der Beweglichkeit ausgehen.

Ein motorisches Verlernen tritt ein, wenn die der Bewegungskoordination zu Grunde liegenden Verbindungen nicht regelmäßig genutzt und bekräftigt, d. h. in Funktion gehalten werden. Die Kontinuität des Koordinationstrainings ist unerläßlich.

5.2 Altersspezifik

Zweifellos gibt es in höherem Lebensalter Rückbildungserscheinungen und individuell auch pathologische zentralnervale Veränderungen, die die Ausführungsqualität von Bewegungshandlungen vermindern; auch ein zumeist bewegungsmangelbedingter Rückgang von Kraft und

Ausdauer sowie Beschränkungen der Beweglichkeit („Steifheit") haben Rückwirkungen auf die realisierbare Bewegungskoordination. Die Rückbildung koordinativer Fähigkeiten, wie diese sich gegenwärtig im Alternsgang darstellt, ist eindeutig durch ungenügende und bewegungsstrukturell anspruchsarme Anforderungen bedingt! Der alte Mensch gerät dadurch bezüglich der Bewegungskoordination in eine „Inaktivitätsatrophie"; er engt sich durch die Beschränkung auf einfache und stereotype Bewegungsprogramme in seiner Handlungsfreiheit und damit Unabhängigkeit selber ein!

Alte Menschen verfügen in der bewußten Hinwendung zu einem altersgerechten bewegungskoordinativ anspruchsvollen Leben über ein wirksames Mittel der Prävention bzw. Milderung diverser Störungen in der Bewegungsaktivität. **Eine gute Bewegungskoordination hat einen positiven Einfluß auf die Gelenkintegrität, sie hält den weiteren Verschleiß vorgeschädigter Gelenke in Grenzen, und sie kann Beschwerden und Selbstverletzungen reduzieren.** Unter dem Aspekt einer mehr oder weniger ausgeprägten Osteoporose ist die Verletzungsprävention insbesondere durch eine Vermeidung des Hinstürzens (Schenkelhals-, Unterarmfraktur) ein vorrangiges Anliegen. Das in Einheit mit der Bewegungskoordination verbesserte Wahrnehmungsvermögen durch ein Tiefhalten von sensorischen Schwellenwerten kann vor allem bei überraschenden Störgrößen situationsbezogen präventive Bedeutung erlangen. Außerdem trägt das Bewußtsein, sich elegant bewegen zu können, zum Wohlbefinden bei.

Die Bewegungskoordination hat zwar die Phase ihrer besten Trainierbarkeit sehr früh in der Individualentwicklung, die Fähigkeit zu motorischem Lernen bleibt aber, wenn auch mit abnehmendem Potential, in den späteren Lebensabschnitten erhalten. Beobachtungen an einzelnen Artisten und Akrobaten, vor allem aber an zahlreichen Instrumentalmusikern liefern den Beleg, daß präzisions- und feinmotorische Handlungen im fortgeschrittenen Alter auf hohem Niveau möglich sind. Als Beispiel seien allein Arthur Rubinstein und Wladimir Horowetz genannt, die faszinierende Klavierkonzerte gaben, als sie das 80. Lebensjahr weit überschritten hatten. Diese Feststellung steht in einem auffallenden Widerspruch zu der Alltagserfahrung, daß alte Menschen häufig unsichere, ungenaue, mitunter überschießende und unzweckmäßige Bewegungen machen, daß Verzögerungszeiten bei Bewegungshandlungen verlängert sind, daß ihnen die Kombination und Umstellung von Bewegungen Probleme bereitet, daß der Bewegungsverlauf eckig wirkt und daß Bewegungshandlungen mit höherem Schwierigkeitsgrad vermieden werden. Bei dieser Konstellation („unbeholfen, plump, ungeschickt, linkisch") liegt fast immer mangelnde Übung vor.

Eine gute Bewegungskoordination läßt sich allein auf der Basis konditioneller Gestaltungsmöglichkeiten realisieren. Dabei sichert die Kraft koordinierte Bewegungen mit Zusatzlasten, die Schnelligkeit garantiert prompte Reaktionen, die Ausdauer ist Ermüdungsfehlern bei wiederholten Bewegungen entgegengerichtet, und die Beweglichkeit ermöglicht genaue Bewegungen in einem großen Gelenkspielraum. Eine gute Kondition und Beweglichkeit garantieren eine Minimierung der Abweichungen von einer koordinativen Aufgabenstellung.

Gut koordinierte Bewegungen sind gegen Ängstlichkeit gerichtet, sie vermitteln Sicherheit durch Können. Sie spielen eine bedeutende Rolle bei der Prävention von Unfällen in jeglicher Situation des täglichen Lebens (auch des Sports), bzw. bei der Milderung von Unfallfolgen. Stand- und Trittsicherheit sowie die Bewahrung des Gleichgewichts in der Bewegung sind vorrangig koordinative Leistungen, die im Alter eine bedeutende Rolle spielen.

Koordination bedeutet auch Entspannungsfähigkeit, Bewegungslockerheit und Gelöstheit; hier handelt es sich um Qualitäten, die mit zunehmendem Alter an Bedeutung gewinnen.

5.3 Praktisches Vorgehen

Prinzipiell schließt nahezu jede Bewegungshandlung koordinative Strategien ein. Eine bewußte Bewegung verfolgt einen Zweck; in der Absicht einer Bewegung liegt u. a. **Genauigkeit und Sicherheit.** Ein solches Vorhaben verlangt **Gewandtheit und Geschicklichkeit**, d. h. Bewegungskoordination. Da man nur kann, was man übt, kommt es namentlich mit fortschreitendem Alter darauf an, sich bereits im Alltagsleben bewußt um präzise Bewegungen zu bemühen. Der alte Mensch sollte die Genauigkeit seiner Bewegungen zu einem Grundsatz erheben! Es ist für den alten Menschen eine Aufgabe in der Bewegungspraxis der Alltäglichkeit, einerseits eine koordinativ anspruchslose Motorik zu meiden und andererseits bewußt ein koordinativ anregendes Bewegungsprogramm einzubringen.

Die vorstehenden Empfehlungen gelten auch für jede Form des Alterssports. Schon bei zyklischen Bewegungsabläufen (z. B. Schwimmen) sollte Augenmerk auf eine **gute Technik** gelegt werden. Grundsätzlich muß gerade im Alterssport im Rahmen einer jeden Sportart die Bewegungsgenauigkeit angestrebt werden. Zu einer solchen Forderung ist allerdings anzumerken, daß sich die Anwendung des Genauigkeitsmodells nicht verselbständigen darf; sie darf nicht auf Dauer und überall bestimmend sein für den Sportbetrieb, und sie darf nicht den Spaß am Sporttreiben eintrüben.

Der Anspruch auf genaue Bewegungen bezieht sich althergebracht vor allem auf Arme und Hände. Der Aufruf muß aber auch gezielt bei den Beinen und letztendlich beim Gesamtkörper wirksam werden.

Unter den Sportformen, die im Alterssport für die Schulung der Koordination genutzt werden können, spielt die **Gymnastik** eine abgehobene Rolle. Jede Anleitung für Gymnastik und jede Übungssammlung vermittelt eine Auswahl koordinationsbetonter Übungsabläufe. Im Vordergrund sollte beim Übungsangebot für alte Menschen eine **Einbeziehung aller Körperpartien** stehen; bevorzugt sollten solche Abläufe werden, die auf die Bewahrung der Balance in aufrechter Körperhaltung gerichtet sind. Bei der Durchführung dieser Übungen ist einmal mehr die Beachtung des Safety-first-Prinzips besonders wichtig.

Das **Tanzen** zeichnet sich durch eine bemerkenswerte Vielseitigkeit aus; in diesem Rahmen spielt die Gewandtheit eine herausgehobene Rolle. Gesellschaftstanz, Volkstanz, einfache Formen der rhythmischen Gymnastik u. ä. sind als koordinationsfordernde und -fördernde Bewegungsaktivitäten für alte Menschen besonders geeignet. Musik, Rhythmus und emotionale Beteiligung wirken motivierend, vermitteln in besonderem Maße Bewegungserleben und lassen Ermüdungserscheinungen zurücktreten.

Der maßgebliche koordinationsbezogene Effekt des Tanzens ist wiederum in der Schulung der Gleichgewichtserhaltung in der Bewegung zu sehen. Die Variabilität des Tanzens zwingt durchaus auch zur Improvisation und dient auf diese Weise dem Erwerb neuartiger Bewegungserfahrungen.

Das wichtigste Sportgerät zur Ausprägung oder Erhaltung koordinativer Bewegungen ist der Ball. Alten Menschen ist zu empfehlen, „am Ball zu bleiben". Jeder Ball ist geeignet; mit dem (schweren) Medizinball muß jedoch mit Bedacht umgegangen werden. Besonders geeignet ist der Schaumball („Zeitlupenball"); seine Verwendung reduziert ein potentielles Verletzungsrisiko nahezu umfassend.

Der Ball bewegt sich; die Situation wechselt schnell. Diese Gegebenheit verlangt Aufmerksamkeit, Konzentration und Augenmaß, sie stellt kognitive Ansprüche. Das Ballspiel erfordert in diesem Sinne Antizipation, Wahrnehmung, Verarbeitung, Entscheidung, Handlung und Handlungskontrolle. Es geht um „timing" und Reaktionsfähigkeit.

Der ältere Ballspieler muß an sich den Anspruch stellen, den Ball präzise zu fangen und zu werfen und das nicht nur mit der dominanten Seite. Die Wurftechnik ist immer wieder kreativ zu variieren. Es geht nicht um den weiten oder scharfen, sondern um den lockeren und zielgenauen Wurf. Beim Spiel mit dem Enkel (Urenkel) ist die aufmerksame und variantenreiche Exaktheit zu beiderseitigem Nutzen (so heißt es in der Diplomatensprache) besonders wichtig.

Weitere Sportformen, die im Alterssport der Forderung nach Koordinationsschulung besonders gerecht werden, sind z. B. **Tischtennis, Frisbee, Boccia, Schießen, Bogenschießen, Jonglieren** (Auge-Bein-, Auge-Hand-Koordination!) oder auch **Pantomime.**

Bei der Entwicklung und Erhaltung der Extremitäten- und Ganzkörperkoordination (Gewandtheit) sind zweifellos wohlbekannte abwechslungsreiche sportliche Techniken besonders effektiv. Ebenso wichtig ist jedoch auch die Koordination der Handmotorik (Geschicklichkeit). Unter diesem Aspekt sei auf das Basteln, Werken, Schnitzen, das aktive Musizieren usw. hingewiesen.

6 Beweglichkeit

Bei einem Trainingsexperiment mit Alterssportlern über die Dauer eines halben Jahres wurde beim Abschluß an jeden Teilnehmer die Frage nach dem wahrnehmbaren Gewinn durch das altersgerechte Vielseitigkeitstraining gestellt. Der Zuwachs an Ausdauer und Kraft wurde positiv vermerkt, es fand sich jedoch nahezu übereinstimmend die Aussage, daß die verbesserte Beweglichkeit als besonders wohltuend empfunden wurde; es wurde immer wieder zum Ausdruck gebracht, daß es leichter fällt, die vielfältigen Verrichtungen im Haushalt zu erledigen, sich die Schnürsenkel zu binden usw. Für die Selbstwahrnehmung und das Wohlbefinden des älteren und alten Sporttreibenden ist die Aneignung einer relativ guten Beweglichkeit durch das Training offensichtlich im Vergleich mit anderen Fähigkeiten mit einer gewissen Priorität versehen.

Unter Beweglichkeit (Flexibilität) wird der **Bewegungsspielraum**, der mögliche **Aktionsradius in einem Gelenk** verstanden; die Beweglichkeit kennzeichnet die Bewegungsgrenze im Gelenk, d. h. die Position des Gelenks in seiner Endstellung. Umgangssprachlich wird die Beweglichkeit als Gelenkigkeit und ihr Fehlen als Steifheit bezeichnet. An dieser letzteren Terminologie werden die typischen Altersveränderungen bereits deutlich.

Die Beweglichkeit wird vor allem bestimmt durch die Anatomie der Gelenke sowie die Dehnfähigkeit, Elastizität und Entspannungsfähigkeit der Muskulatur.

Auch die Kraft, mit der die Dehnung abgefordert wird, spielt eine Rolle. Im Regelfall ist die muskuläre und bindegewebige Dehnfähigkeit bei Frauen anlagemäßig günstiger bemessen als bei Männern.

Da die Beweglichkeit in einem Gelenk Voraussetzungscharakter für jede Muskelbewegung hat, ist sie insbesondere im Alterssport wichtig; sie zeigt bekanntlich frühzeitig in der Individualentwicklung Einschränkungen. Der übliche Lebensablauf des älteren Menschen führt nahezu zwangsläufig zu einer Verfestigung des Bewegungsapparates. Tägliches langes Sitzen, das häufig als eine Zwangshaltung aufzufassen ist, führt zu muskulären Verspannungen in einer Reihe von Körperbezirken. Die individuellen Bedingungen wechseln allerdings.

Die Konsequenz für den Alterssportler und den Übungsleiter ist durch die Begriffe **Dehnung, Lockerung, Entspannung** markiert.

Die Frage, wozu namentlich der ältere und alte Mensch Beweglichkeit benötigt, ist durch folgende Punkte zu beantworten.

- Die Beweglichkeit ist eine überzeugende Körpererfahrung. „Man fühlt sich wohler, wenn man nicht steif ist wie ein Stock." Die mangelnde Beweglichkeit führt immer wieder Einschränkungen und Grenzen vor Augen. Da alte Menschen zum Versteifen tendieren, wird der Effekt von Beweglichkeitsübungen sehr bewußt registriert.
- Beweglichkeit vermittelt Bewegungssicherheit. Der große Bewegungsradius läßt das Gelenk später an den Anschlag geraten; dadurch sind generell die Arbeitsbedingungen verbessert, und es lassen sich in ei-

nem weiten Bereich koordinativ saubere Bewegungen ausführen.

- Eine gute Beweglichkeit setzt die Verletzungsanfälligkeit herab. Ein Gelenk, das schnell in seine Endstellung gerät, wird schon bei Alltagsbeschäftigungen „gequält" (fehlender „Sicherheitsabstand"). Vor allem aber weist der ungenügend gedehnte Muskel eine Zerrungsbereitschaft auf; verspannte Muskeln tendieren zur Selbstverletzung.

- Die Beweglichkeit sichert die normale Gelenkfunktion und ist damit ein Bestandteil der Gelenkhygiene. Sie garantiert die Bewegungsreserve und ist ein Schutz vor frühzeitiger Abnutzung. Zur Gelenkhygiene gehört vor allem die arthromuskuläre Integration, die durch das arthromuskuläre Gleichgewicht ausgezeichnet ist.

- Die Ansprechbarkeitsschwelle der Dehnungsrezeptoren, die den „Muskelsinn" vermitteln, wird durch Beweglichkeitsübungen herabgesetzt (das wollen z. B. auch Hunde und Katzen erreichen, wenn sie sich versteifend festgelegen haben und nach dem Erwachen buckeln und sich strecken). Auf diese Weise wird die prompte Reaktionsfähigkeit erreicht. Außerdem verbessert sich der Wirkungsgrad und die mechanische Effizienz der Muskelarbeit.

Es läßt sich somit konstatieren, daß insbesondere beim alten Menschen mit seinen Beweglichkeitsbeschränkungen in den Gelenken **Dehnübungen die mögliche Bewegungsamplitude vergrößern, die Muskelspannung herabsetzen, die Verletzungsfrequenz und den Verschleiß reduzieren, die Bewegungseffizienz erhöhen und insgesamt das Befinden verbessern.**

Die Dehnung, das praktische Herangehen bei der Verbesserung der Beweglichkeit, führt zu einer Reihe von Anpassungserscheinungen, die für Alternsprozesse und damit für den alten Menschen von hoher positiver Stichhaltigkeit sind.

- Durch die Dehnung eines Muskels wird seine Durchblutung verbessert; ein gut dehnbarer Muskel ist permanent gut durchblutet, was u. a. eine maßgerechte Sauerstoff- und Substratversorgung und einen guten Abtransport von Stoffwechselschlacken gewährleistet.
- Die Dehnung verbessert die Glukoseaufnahme in die Muskelzellen (bedenkenswert für Diabetiker und für die Diabetes-mellitus-Prophylaxe).
- Die Dehnung reduziert den Abbau von Muskelprotein und erhöht dessen Synthese. Ein solcher Befund ist im Alter hochrelevant, da auf diesem Wege eine Rückbildung der Muskelmasse aufgehalten werden kann. Mit Dehnübungen ist in diesem Zusammenhang bis zu einem gewissen Grade dasselbe zu erreichen wie mit kräftigenden Bewegungen! Eine Dehnung löst nachweislich die Bildung und Abgabe bestimmter Wachstumsfaktoren im Muskelgewebe aus.
- Die Dehnung verbessert die neuromuskuläre Übertragung an der motorischen Endplatte der Muskelzelle. Eine solche Anpassung erhöht die kontraktilen Eigenschaften des Muskels; weiterhin wird die Effizienz des Verkürzungs-Erschlaffungs-Zyklus gesteigert. Eine derartige Konstellation setzt auch die Ermüdbarkeit herab.

Es konnte herausgearbeitet werden, daß nicht alle Muskeln (Muskelgruppen) des Körpers in gleichem Maße zu einer die Beweglichkeit einschränkenden Dauerverkürzung neigen. Von einer anhaltenden Verkürzung sind besonders solche Muskeln betroffen, deren Gegenspieler zur Abschwächung tendieren (s. Kap. 3). Die oftmals der Verkürzung unterliegenden Muskeln sind in der Abbildung 4 wiedergegeben.

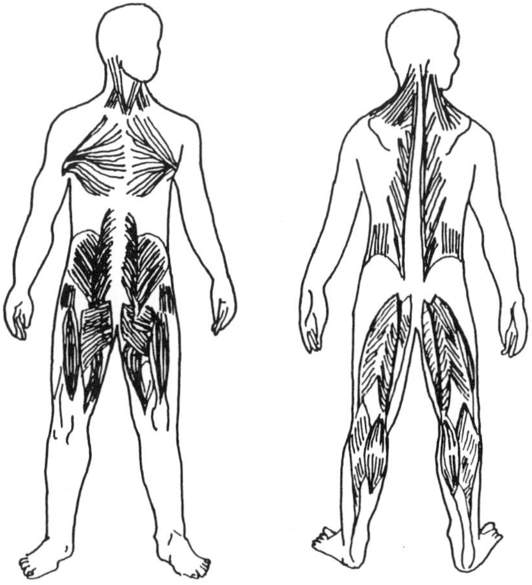

Abb. 4 Muskeln, die zur Verkürzung neigen

Es handelt sich um folgende Muskelpartien:
- oberflächliche Halsbeuger,
- großer Brustmuskel,
- tiefe lange Rückenstrecker (vor allem Hals- und Lendenteil),
- Hüftlendenmuskulatur (Hüftgelenksbeuger),
- gerader Schenkelmuskel,
- Adduktoren (Oberschenkelanzieher),
- Ischiokrurale Muskelgruppe (Kniegelenksbeuger, Rück-

seite der Oberschenkel),
- dreiköpfiger Wadenmuskel.

Als vielfach zu variierende Grundübungen kommt zur Dehnung der genannten Partien folgendes praktisches Herangehen in Betracht:

- Kinn nach vorne ziehen,
- Schultern kräftig nach hinten führen,
- Rumpfbeuge vorwärts (Knie gebeugt oder auch gestreckt),
- Ausfallschritt (festhalten!),
- Fersensitz; Oberschenkel nach hinten ziehen,
- Seitgrätschstellung,
- Rumpfbeuge vorwärts (Knie gestreckt),
- Vorfuß nach oben ziehen.

Diese Übungen zur Dehnung verkürzter Muskulatur und damit zur Verbesserung der Beweglichkeit sind, wie eingangs dargelegt, besonders wichtig, weil der alte Mensch zu einer allseitigen Verfestigung seines Bewegungsapparates neigt. Eine solche Tendenz wird vor allem dadurch gefördert, daß im Alltagsleben Zwangshaltungen dominieren: Sitzen beim Fernsehen, bei der Handarbeit, am Schreibtisch, in den Verkehrsmitteln, bei der Unterhaltung usw. Im Sitzen sind Hüft- und Kniegelenke gebeugt, wodurch die bereits genannten Muskeln sich verkürzen. Gelegentliches Stehen beansprucht die Haltemuskulatur, die unter eine Dauerspannung gerät. So kommt es zu Verspannungen und „Verkrampfungen", die mit Muskelverkürzung und Beweglichkeitsdefiziten verbunden sind und die des Ausgleichs durch Beweglichkeits-, Dehn-, Lockerungs- und Entspannungsübungen bedürfen. Bezeichnend ist gerade auch für alte Menschen die Morgensteifigkeit; das Rekeln, für gewöhnlich mit einem negativen Verhaltensimage versehen, ist geradezu das Modell einer maßgerechten und effektiven Beweglichkeitsübung; auch längeres Sitzen sollte durch Recken und Strecken unterbrochen werden!

Der kraft- oder ausdauerbetonte Alterssport, ein Training, das vorrangig auf den Erwerb von Kondition gerichtet ist, bringt von sich aus keinesfalls einen Gewinn von Beweglichkeit; im Gegenteil, es macht steif und engt die Gelenke ein. **Jede Trainingseinheit muß ein Beweglichkeitsprogramm enthalten!**

Es gibt Menschen, allerdings mit ansteigendem Lebensalter weniger, die eine Hyperflexibilität aufweisen; bei ihnen findet sich konstitutionell eine Laxität, eine Überdehnbarkeit der Gelenke. Diese konstitutionelle Hyperflexibilität ist generalisiert, sie betrifft alle Körperregionen. Die Betroffenen zeigen z. B. eine deutliche Überstreckbarkeit des Ellenbogengelenks, und sie vermögen, bei gestreckter Hand den Daumen seitlich weit an den Unterarm heranzuführen. Diese Menschen sind auch in der Lage, bei der Rumpfvorbeuge sehr weit herunter zu kommen. Alte Menschen mit einer Hyperflexibilität haben oftmals Probleme mit koordinierten Ganzkörperbewegungen. Sie werden auch als Bindegewebsschwächlinge bezeichnet. Ihnen muß ein kräftigendes Training angeraten werden.

Eine schlecht ausgebildete Muskulatur hat eine geringe Gelenkstabilität zur Folge. Eine schlaffe Muskulatur hält die Gelenke nur unzulänglich, was auch den Gelenkverschleiß fördert. Auch in einem solchen Fall gelingt die Rumpfvorbeuge sehr gut; sie wird von den Betroffenen deshalb auch sehr gerne als vermeintlicher Ausdruck der Sportlichkeit gewissermaßen als Paradedisziplin vorgeführt. Auch in diesem Fall ist Kräftigung dringend angezeigt.

Es gibt ältere Menschen, die primär über ein straffes Bindegewebe verfügen. Sie verzeichnen bei einem Beweglichkeitstraining nur geringe Fortschritte. In einem solchen Fall muß geübt, aber es soll nichts erzwungen werden. Dieser Personenkreis ist charakterisiert durch die eigene Aussage „Ich komme bei der Rumpfvorbeuge zwar nicht weit herunter, aber ich bin auch noch nie im Sprunggelenk umgeknickt."

Die vorstehenden Ausführungen machen deutlich, daß bei der Verbesserung der Beweglichkeit individuell verfahren werden muß. Hinsichtlich der Voraussetzungen existiert bei alten Menschen individuell ein bedeutender Spielraum. Frauen verfügen im Regelfall wegen der Beschaffenheit ihres Körperbaus und wegen weniger straffen Bindegewebes über bessere Bedingungen für die Ausprägung der Beweglichkeit als Männer.

Es ist eine alltägliche Beobachtung im Alterssport, daß übergewichtige Personen das Beweglichkeitstraining (wie auch die Vervollkommnung der Koordination) sehr positiv aufnehmen. Sie haben naturgemäß große Probleme beim Ausdauertraining. Sie werden durch Fortschritte vor allem in der Beweglichkeit motiviert, sich weiterhin dem Sportbetrieb zu stellen.

Unbeantwortet ist im Alterssport die Frage, ob nach Abschluß einer Trainingseinheit die beanspruchte Muskulatur noch einmal gedehnt werden sollte. In der Sportwissenschaft und namentlich im Spitzensport wird ein derartiges Vorgehen in jüngster Zeit propagiert. Die Absicht einer solchen Belastungsnachbereitung besteht darin, die Regeneration der Muskulatur zu fördern, die Belastungsverträglichkeit zu verbessern und die Verkürzungsneigung des zuvor belasteten Muskels zu minimieren. Es empfiehlt sich nicht, diese Herangehensweise im Alterssport zu praktizieren. Nach absolvierter Belastung hat der Muskel des alten Menschen Verkürzungsrückstände, er ist zusätzlich dehnungsempfindlich. Diese Gegebenheit führt im Falle der Dehnung zu Reflexmechanismen, die der Dehnung entgegengerichtet sind und die damit die Regeneration eher erschweren, die Schmerzen verursachen und Selbstverletzungen auslösen können. Im Alterssport sind Dehnübungen nach absolvierter sportlicher Belastung nicht angebracht; es geht in dieser Phase allein um Aktivitäten zur Lockerung und Entspannung.

Bestehender Gelenkverschleiß (zumeist in Gestalt von Arthrosen) ist keine Kontraindikation gegen Dehnübungen; diese sind neben der Kräftigung sogar angezeigt. Allerdings muß behutsam vorgegangen werden. Bei solchen Voraussetzungen geht in jedem Fall Kraft über Beweglichkeit.

6.1 Praktisches Vorgehen

Dehnübungen sollten vom Alterssportler nur in erwärmtem Zustand ausgeführt werden; bei der Dehnung soll eine Spannungs- bzw. Dehnempfindung gegeben sein, die **Mißempfindens**- oder Schmerzgrenze darf nicht erreicht werden; Preßatmung ist zu vermeiden.

Das Mittel der Wahl zur Verbesserung der Beweglichkeit ist die Gymnastik. Eine **freudbetonte** Gymnastik ist für Alterssportler eine Vorzugssportform. In der Vorgehensweise hat sich in der jüngeren Vergangenheit ein beeindruckender Wandel vollzogen. Passive Beweglichkeitsübungen sind verpönt; die Nachhilfe bei der Dehnung mit Druck oder Zug durch eine zweite Person ist riskant und läuft der sachbezogenen Absicht zuwider. Nicht in Betracht kommt auch die forcierte Dehnung (Muskelverlängerung) mittels „Hauruck-Methoden". Das unelastische Gewebe des alten Menschen kann auf diese Weise Schaden nehmen. Selbstverletzungen können die Folge straffer Bewegungen sein. Auch Hyperextension und unkontrollierte Schleuderbewegungen sind kontraproduktiv. Kleine Zerrungen und Mikrotraumen können sich mit der Zeit addieren und schließlich Beschwerden bereiten. Die traditionelle Gymnastik ist im Alterssport abgemeldet (Kopf hoch, Brust raus, Schultern zurück und 1 und 2 ...). Ein solcher drillmäßiger Ablauf in Reih' und Glied ist nicht nur unzweckmäßig, es werden dabei auch Aversionen gegen die Gymnastik überhaupt aufgebaut.

Das gegenwärtig bestimmende Prinzip ist durch den Begriff des **Stretching** gekennzeichnet. Dabei geht es um die gehaltene Dehnung; es gibt keine abgehackten Bewegungen, keine ruckartigen Zerrungen, kein gewaltsames Federn in Extremlage, sondern ein vorsichtiges, mildes Ausdehnen.

Beim Stretching wird der Muskel weich und gefühlvoll gedehnt. Das geschieht in der Weise, daß der Dehnungszustand für eine bestimmte Zeitdauer gehalten wird. Es wird z. B. die Position der Rumpfvorbeuge bei gestreckten Kniegelenken eingenommen und zwar so weit, daß eine leichte Spannungsempfindung wahrgenommen wird. Diese Haltung wird z. B. für 30 Sekunden beibehalten. Jeder, der ein solches Vorgehen einmal praktiziert hat, weiß, daß während der permanenten Dehnung der Finger-Boden-Abstand bei gleichbleibender Spannung überzeugend kleiner wird! Der Muskel dehnt sich fast „automatisch", die Gegenspannung auf den Dehnungsreiz läßt merklich nach.

Ein Muskel, der ruckartig gedehnt wird, meldet mit Hilfe von Meßfühlern (Rezeptoren, Muskelspindeln), daß der

Dehnungszustand massiv ansteigt; es kommt nahezu schlagartig zur Auslösung von Schutzreflexen, die die Spannung im Muskel erhöhen, um eine Überdehnung zu verhindern. Bei einem derartigen Herangehen ist die Elastizität des Muskels kaum zu steigern.

Beim Stretching wird der dargestellte Schutzreflex umgangen. Bei der milden Dehnung im Stretching wird die Dehnung langsam aufgebaut, indem der Dehnreiz sich einschleicht. Der Widerstand des Muskels gegen die Dehnung wird gemindert; die Meßgeber in Muskel und Sehne signalisieren keine Gefahr; der Muskel hat keinen Anlaß, sich zu wehren und gebührende Spannung zu entwickeln.

Es lassen sich mehrere Formen des Stretching unterscheiden, die jedoch sämtlich dem Prinzip der Dehnung gerecht werden. Besonders wirksam ist die Dehnung jedoch nach Anspannung. Dabei wird der zu dehnende Muskel, z. B. Brustmuskel, Gesäßmuskel oder die Muskulatur an der Rückseite der Oberschenkel isometrisch angespannt; diese statische Anspannung wird für 10 bis 30 s gehalten. Daraufhin erfolgt eine Entspannungsphase von etwa 3 s, daran schließt sich für 20 s bis 30 s der gehaltene Dehnungszustand an.

Die zeitliche Abfolge von Anspannung, Entspannung und Dehnung ist besonders effektiv. Die der Dehnung vorangehende Anspannung schafft im Muskel die Bereitschaft zur Entspannung, zur Erschlaffung. Der Spannungszustand bereitet, wiederum über die muskeleigenen Meßfühler, die Erschlaffung vor, so daß anschließend der Muskel der Dehnung besonders wenig Widerstand entgegensetzt.

Bei den Dehnübungen ist die Aufmerksamkeit insbesondere auf solche Muskeln zu richten, die zur Verkürzung neigen (s. Abb. 4).

Der Dehneffekt betrifft fast ausschließlich den Muskel; die Sehnen sind nur in sehr geringem Maße dehnbar. Nur angemerkt sei, daß ein gut gedehnter Muskel kaum zum Muskelkater neigt.

Die fernöstlichen Sportformen legen hohen Wert auf eine freie Flexibilität. Sie zeigen auch, daß sich Übungen zur Ausbildung und Erhaltung der Flexibilität gut mit Atemtechniken und mit Strategien der Psychoregulation verbinden lassen.

Wohl bekannt ist insbesondere bei alten Menschen der Trend, daß der ungenügende Gebrauch eines Gelenks bemerkenswert schnell zur Beweglichkeitseinschränkung und schließlich zur Versteifung führt. Aus diesem Grunde sollten weiträumige Bewegungen (z. B. lange Schritte, Drehen und Neigen der Wirbelsäule, Anheben der Arme) im Alltagsleben bewußt praktiziert werden. **Gezielte Dehnungsübungen sind 2- bis 3mal wöchentlich angezeigt.**

7 Herz-Kreislauf-System

7.1 Herz

Keine physiologische Anforderung vermag die Herzfunktion derartig nachhaltig zu stimulieren, wie eine intentivausdauernde Aktivität größerer Muskelgruppen. Für die bewegungsbedingte Anpassung des Herzens gibt es fraglos ein „Höchstleistungsalter", das etwa bis zum 40. Lebensjahr reicht; selbstverständlich bleibt danach die Anpassungsfähigkeit erhalten, allerdings muß mit einem nachlassenden Potential gerechnet werden. Bezüglich der Reaktion des Herzens auf eine aktuelle Belastung sowie auf einen Trainingsprozeß gibt es im Alter beträchtliche Unterschiede von Mensch zu Mensch.

Ein sportliches Ausdauertraining mit hinreichender Intensität führt zur Ausprägung eines **Sportherzens.** Dieses zeichnet sich zunächst durch eine **Vergrößerung** aus. Die Größenzunahme beruht nur zu einem geringen Teil auf einer Verdickung der Herzkammerwände; es kommt im Rahmen der Sportherzbildung zu einer Erweiterung (Dilatation) der Herzinnenräume; auf diese Weise kann eine größere Blutmenge aufgenommen und bei Bedarf in den Kreislauf geworfen werden.

Es gilt die Auffassung, daß ein vergrößertes Herz ein krankes Herz sei bzw. daß es im Gefolge eines anderen pathologischen Vorganges auftritt (z. B. Bluthochdruck). **Das vergrößerte Sportherz ist in diesem Zusammenhang die einzige Ausnahme; zahlreiche Kriterien belegen, daß es sich um ein gesundes Organ handelt.**

Im Alter vergrößert sich im Regelfall das Herz des Menschen; der Grund für eine solche Entwicklung ist vor allem darin zu suchen, daß die Eigenspannung der Wände (Tonus) geringer wird. Unter dem adaptationswirksamen Einfluß eines milden Ausdauertrainings kann ein solches Herz kleiner werden, weil die Herzwände ihren altersbedingt herabgesetzten Tonus wieder normalisieren. Eine derartige Entwicklung ist positiv zu bewerten.

Bei der Herzfunktion kommt es im Alter zur Entwicklung einer gewissen „Trägheit". Diese Gegebenheit läßt sich an der Schlagfrequenz des Herzens, dem Puls, anschaulich darstellen. Das primäre Reizbildungszentrum des Herzens erleidet im fortgeschrittenen Alter Zellverluste, so daß sich die Formierung von Reizen, die fortgeleitet werden, verlangsamt; auch die Innervation des Herzens über die beiden Anteile des vegetativen Nervensystems gewinnt die dämpfende Seite, der N. vagus, ein Übergewicht. Die Konsequenz ist ein alternsbezogenes Absinken des Ruhepulses. Der Trainierende kann diesen Alternsvorgang etwas aufhalten. Bei der Bewertung des Ruhepulses wird dadurch ein bezeichnender Widerspruch offenbar: Auf völlig unterschiedlicher Basis schlägt das Herz des alten Menschen und das des Trainierten relativ langsam. Das Training hält nun einerseits einige typische Alternsveränderungen auf, senkt aber adaptiv die Schlagfrequenz des Herzens ab. Diese Situation stellt sich im Regelfall in der Praxis so dar, daß bewegungsverarmte und körperlich aktive alte Menschen eine vergleichbar niedrige Ruheherzschlagfrequenz aufweisen. Trainingseffekt und Verlangsamung von Alternsprozessen heben sich phänomenologisch an der Herzschlagzahl auf. Das bedeutet, daß der Ruhepuls für die Trainingsbeurteilung bei alten Menschen relativ wenig geeignet ist, weil eine negative Entwicklung (Altern) durch eine positive Entwicklung (Trainingsadaptation), die ursprünglich in gleicher Richtung verläuft, neutralisiert wird.

Bei standardisierter submaximaler Belastung haben trainierte alte Menschen eine geringere Herzschlagfrequenzreaktion, d. h. einen tieferen Puls als Bewegungsarme. Die Aktiven reagieren prompter und zuverlässiger mit ihrer Pulsfrequenz auf eine submaximale Belastung, und sie regulieren sich auf einem tieferen Frequenzniveau ein; ihr Herz erfüllt die Anforderungen an das Fördervolumen mit einem relativ größeren Schlagvolumen. Es liegen hier prinzipiell die gleichen Verhältnisse vor wie bei jungen Menschen. Bei der PWC_{150} (fahrradergometrische Leistung bei einer Herzschlagfrequenz von 150/min) erreichten z. B. trainierte 50- bis 60jährige Männer 170 Watt gegenüber 118 Watt bei einer gleichaltrigen Gruppe Untrainierter.

Die maximal erreichbare Herzschlagfrequenz, die in der Ausbelastung anliegt, zeigt nach den Ergebnissen zahlreicher Untersucher mit ansteigendem Alter einen deutlichen Rückgang (Tab. 2).

Tab. 2 Die maximale Herzschlagfrequenz im Alternsgang (Mittelwerte aus den Angaben von 9 Untersuchern)

Lebensalter (Jahre)	maximale Herzschlagfrequenz (min^{-1})
18-30	194
31-40	185
41-50	177
51-60	168
61-70	161

Eine solche Entwicklung scheint gesetzmäßig zu sein. Es wäre verfehlt und sogar grob fahrlässig, in der Praxis von den Ausnahmen auszugehen (s. Kap. 4). Der 70jährige, der einen Ausbelastungspuls von 180/min erreicht, repräsentiert eine Selektion. In diesem Bereich liegt eine biologische Jugendlichkeit vor, die zu verallgemeinern unzulässig ist. Intensitäten, die eine derartige Stimulation der Herzaktion provozieren, sind im Alter generell zu meiden; oftmals ist die Motorik durchaus in der Lage, die Bedingungen für derartige Zustände zu realisieren; damit wird jedoch ein beträchtliches Risiko geschaffen. Derartige intensitätsbedingte Auslenkungen sind für den alten Menschen „blankes Gift". Selbst bei guter Verträglichkeit (ausnahmsweise) verfügen sie über keinen Gesundheitswert.

Die Rückstellung der Herzschlagfrequenz in der Nachbelastungsphase ist bei alten Menschen beschleunigt. Nach der Lehrbuchmeinung signalisiert ein solcher Sachverhalt eine gute Erholung. Auch in dieser Phase spiegelt das Pulsverhalten nur sehr bedingt die gängige Auffassung wider. Die Rückführung der Belastungsherzschlagfrequenz nach der Belastung auf die Ausgangswerte kann nur mit Einschränkungen als ein Kriterium für den Fortgang der Erholungsvorgänge verwendet werden.

Das Problem bei der Verwendung der Herzschlagfrequenz zur Belastungssteuerung bei Alterssportlern liegt darin, daß einerseits bestimmte Alternsvorgänge am Herzen und andererseits Trainingseffekte rein phänomenologisch gleichgerichtet verlaufen, obwohl den Entwicklungen völlig unterschiedliche Konstellationen zu Grunde liegen, von denen die eine prinzipiell negativ und die andere positiv zu bewerten ist. Diese Überlagerung von zwei unterschiedlich einzuschätzenden Programmen erfordert bei der Verwendung des Pulses zur Beurteilung der Herzfunktion Erfahrung und Fingerspitzengefühl.

Das Herz des alten Menschen verfügt als Muskel und als Pumpe über ein Anpassungspotential, dessen Manifestation durch Alternsvorgänge und vor allem durch vorliegende pathologische Veränderungen mitbestimmt wird.

Neben der Herzfunktion läßt sich auch die Herzdurchblutung (Koronarreserve) durch ein ausdauerbetontes Training positiv beeinflussen, bzw. lassen sich alternsbedingte Negativentwicklungen verzögern. Allerdings nimmt der Spielraum insgesamt ab, und die Unterschiede von Mensch zu Mensch sind erheblich. Ein möglichst individuelles Vorgehen ist im Alterssport angezeigt.

7.2 Kreislauf

Die Aufgaben des Kreislaufs bestehen darin, einen gerichteten Stoff- und Energietransport in einem flüssigen Medium zu sichern. Er steht im Dienste von Nutzersystemen, wobei unter körperlicher Aktivität der Arbeitsmuskel als Hauptnutzer in Erscheinung tritt. Während unter Ruhebedingungen etwa 20 % des Blutes durch die Muskulatur strömen, werden bei hohen Anforderungen an große Muskelpartien auch bei Alterssportlern über 80 % des Herzzeitvolumens von der Arbeitsmuskulatur beansprucht. Die körperliche Aktivität stellt somit erhebliche Ansprüche an die Verteilerfunktion des Kreislaufs. Der auf diese Weise akut herbeigeführte wechselnde Füllungszustand der Blutgefäße entsprechend dem Durchblutungsanspruch der Muskulatur hat einen „übenden" Einfluß auf die Gefäßwände.

Der (normale) arterielle Blutdruck unter Ruhebedingungen wird durch regelmäßige körperliche Aktivität gering im Sinne einer Erniedrigung beeinflußt (zum Bluthochdruck s. Kap. 21.1); es wird jedoch der „physiologische" Anstieg des systolischen Blutdrucks im Alternsgang verzögert. Inzwischen konnte der Nachweis geführt werden, daß die Gefäßwand auf ein Training mit einer positiv veränderten Stoffwechselaktivität reagiert. Dennoch ist das Fortschreiten regressiver Veränderungen der arteriellen Gefäßwände auch durch optimales Bewegungsverhalten nicht zu stoppen; durch adaptive kompensatorische Mechanismen, wie z. B. erleichterte Sauerstoffaufnahme in den Lungen, größeres Herzzeitvolumen, Erhalt einer bedarfsgerechten Einstellung der Gefäßvolumina, Kapillarisierung u. a. sind die Folgen typischer Alternsveränderungen in der Blutversorgung der Körpergewebe doch zu mildern.

Unter Belastung ist mit einem gegenüber jungen Menschen verstärkten Anstieg des systolischen Blutdrucks zu rechnen. So kann ein älterer Normotoniker bei moderat-intensiven Belastungen durchaus bereits Werte um 200 mm Hg erreichen. Diese Blutdruckanstiege sind durchaus tolerabel und kein Grund zur Beunruhigung. Sie führen anschließend nach kurzfristiger Rückführung (5 - 10 Minuten) auf den Ausgangswert zu einer länger anhaltenden Absenkung unter den Ausgangswert, und sie sind ein akzeptabler Stimulus für eine bleibende Einregulierung des systolischen Drucks. Ein überschießender Anstieg des Belastungsblutdrucks auf Werte über 230 mm Hg sollte allerdings selbst kurzfristig nicht eintreten.

Während beim jungen Menschen der diastolische Blutdruck unter Belastung abfällt, bleibt dieser beim normotonen alten Menschen eher konstant oder steigt sogar leicht an. Werte ab 110 mm Hg zeigen an, daß die Beanspruchung zu intensiv ist.

Nach Belastungsabbruch kommt es innerhalb weniger Minuten zur Normalisierung der Werte; auffällig bleibt im

Alter, daß in der Nachbelastungsphase die orthostatisch bedingte Reaktion im diastolischen Blutdruckverhalten etwas größer ist als beim jungen Menschen; während in horizontaler Lage der diastolische Blutdruckwert sich relativ niedrig darstellt, kann dieser im Stehen vorübergehend relativ hoch sein als erklärbare Reaktion, die sich gegen eine orthostatisch bedingte Kreislauflabilität richtet. Die Blutdruckamplitude tendiert zu einer Einengung.

Im Zusammenhang mit dem arteriellen Blutdruck ist auf die Vermeidung der Preßatmung (s. Kap. 8.1) zu verweisen, deren Praktizierung im Sport bei kraftvollem Armeinsatz den Blutdruck reflektorisch stark ansteigen läßt.

Die für den Alterssport geforderten Belastungen sind bei normalen Ausgangswerten kein nennenswerter Stimulus für die Ausbildung neuer Kapillaren, wie dieses bei jungen Menschen im Gefolge von intensiv ausdauernden Belastungen der Fall ist. Der Alterssport verhindert allerdings ein inadäquat starkes Verschwinden von kapillären Blutgefäßen im Alter, wie dieses im Rahmen der „Altersatrophie" zu beobachten ist. Es kann aber davon ausgegangen werden, daß das Training mit seinen gesteigerten Ansprüchen an die Durchblutung die verstärkte Einbeziehung (Rekrutierung) aller Kapillaren in den Blutstrom sichert und so die Rückbildung infolge Nichtgebrauchs verhindert.

Besonders hingewiesen sei auf die „Schulung" der Durchblutung von **Haut** und **Gehirn** durch körperliche Aktivität im Alter. Die trainingsabhängige Konstellation der Hautdurchblutung ist wesentlich für die Temperaturregulation des Körpers und damit u. a. auch für die „Abhärtung". Eine belastungsbedingte Präferenz der Hirndurchblutung, die wahrscheinlich auch unter Ruhebedingungen bewegungsadaptiv relativ zuverlässig funktioniert, ist zweifellos ein Faktor in der Vorbeugung von alternsinduzierten Hirnleistungsstörungen (s. Kap. 13).

Auf die Bedeutung der Aktivierung von Pumpmechanismen für den venösen Kreislauf durch Muskelaktivität namentlich der unteren Extremität wurde im Kapitel 3.3 eingegangen. Die Aktivierung einer gut ausgebildeten Muskulatur der Beine und dort insbesondere der Waden fördert die Drainage des venösen Blutes in Richtung Herz. Bei der Muskelkontraktion kommt es zu einer Austreibung des Blutes, die bei funktionstüchtigen Venenklappen allein herzwärts stattfinden kann; die Erschlaffungsphase des Muskels ermöglicht den Bluteinstrom. Der (rhythmische) Wechsel von Kontraktion und Erschlaffung der Beinmuskulatur führt zu einer Pumpwirkung, die das Herz wesentlich zu entlasten vermag. Auch unter diesem Aspekt ist im Alterssport die Hinwendung zur körperlichen Aktivität und zum Training der Beine ein hauptsächliches Vorhaben.

Angesichts der Bedeutung, die chronisch-degenerative Erkrankungen für die Morbidität und Mortalität der alten Bevölkerung haben, sind Strategien, die von einer funktionserhaltenden und -verbessernden bewegungsbedingten kardiovaskulären Adaptation ausgehen, ein gesundheitspolitisches Angebot. Natürlich müssen frühzeitig im Leben die Bewegungseinflüsse zur Geltung gebracht werden. **Auch im Alter lassen sich funktionssteigernde und damit präventive und selbst therapeutische Wirkungen am Herzen und an allen Gefäßtypen erreichen.** Ausschlaggebend ist jedoch das sachgerechte Vorgehen bei der Belastungsgestaltung; objektivierbarer Nutzen und potentielles Risiko infolge von Belastungen liegen im Alter wesentlich dichter beieinander als in der Jugend. Risikofrei und doch effektiv ist die Praktizierung eines Bewegungsregimes nach dem Prinzip „Lang-und-langsam". Hohe Intensitäten und rasche Übergänge sind problematisch. Im Rahmen dieses Grundsatzes sind individuelle Formen des Herangehens durchaus möglich. Der 70jährige Wettkampfsportler ist jedoch mit Zurückhaltung zu betrachten, und er setzt kein Zeichen für allgemeingültige Anforderungen.

Herzschlagfrequenz (Puls) und Blutdruck kommen als Steuergrößen für die Belastungsgestaltung im Alterssport durchaus in Betracht; sie sind als Kennwerte jedoch anders zu interpretieren als das für den Leistungs- und Jugendsport ausgearbeitet wurde.

8 Atmung

Alternsvorgänge beeinträchtigen die Atmung in vielfältiger Weise. Besonders auffällig und mitunter sogar sichtbar stellt sich die Negativentwicklung bei der Lungenventilation und Lungenfunktion dar. Allein auf diesen Abschnitt der Atmungskette soll in diesem Kapitel Bezug genommen werden.

Die alternde Lunge ist gekennzeichnet durch eine Erweiterung der Alveolen (Lungenbläschen) und die Abnahme ihrer Zahl. Die elastischen Eigenschaften des Lungengewebes verschlechtern sich. Die Trennwände zu den Blutgefäßen (Kapillaren) verdicken sich. Der Brustkorb verliert an Elastizität, und es kommt zu einer gewissen Starre in Inspirationsstellung. Diese morphologischen Veränderungen haben Veränderungen der Funktion zur Folge, die die Aufnahme von Sauerstoff als den ersten Schritt der äußeren Atmung erschweren und beeinträchtigen. So beträgt z. B. unter Ruhebedingungen der arterielle Sauerstoffdruck bei 20jährigen im Mittel 95 mm Hg und bei 65jährigen lediglich 75 mm Hg. Durch eine gezielte körperliche Aktivität kann jedoch auch noch im Alter das Gesamtbild des Sauerstoffhaushaltes aufgebessert werden.

Die Steigerung der Atmung (Lungenventilation) ist ein besonders eindrucksvolles Zeichen sportlicher Betätigung; es kommt zu einer Steigerung der ventilierten Luftmenge entsprechend den Anforderungen durch die erhöhte Aktivität der Organe, insbesondere der Muskulatur. Beim jungen Menschen ist die Atmung selten leistungsbegrenzend; es existiert eine erhebliche ventilatorische Reserve. Beim alten Menschen kann die Ventilationsfähigkeit bei intensiver Belastung durchaus zum leistungslimitierenden Faktor werden. Eine solche Situation muß im Alterssport unbedingt vermieden werden, da sie eine hohe Intensität voraussetzt und diese für alte Menschen nicht nur unbekömmlich, sondern auch riskant ist (s. Kap. 4). Unter leichter bis mittlerer Belastung treten jedoch Veränderungen der Ventilation ein, die unbedingt als vorteilhaft zu klassifizieren sind, was nachfolgend begründet werden soll.

- Zur Verbesserung des Gasaustausches wird die atmungsaktive Lungenoberfläche vergrößert. Die Lungenalveolen entfalten sich und nehmen am Gasaustausch teil. Ungleichmäßigkeiten in der Lungenventilation werden ausgeglichen, d. h., Alveolen, die unter Ruhebedingungen gewissermaßen in Wartestellung sind, werden zum Atemgeschäft herangezogen und damit durchlüftet.
- Der Übertritt von Sauerstoff aus den Lungenalveolen in das Blut wird erleichtert, d. h., die Grenzflächen zwischen Lunge und Blutgefäßsystem (Kapillaren) werden durchlässiger für Sauerstoff.
- Die Durchblutung der Lunge wird erhöht. Obwohl die Blutströmungsgeschwindigkeit gesteigert wird, verläßt das Blut die Lunge verstärkt sauerstoffgesättigt. Die alternsbedingte Untersättigung des Blutes mit Sauerstoff wird verringert.
- Es tritt eine Erweiterung der Bronchien ein; damit wird der Atemwiderstand in diesem Röhrensystem herabgesetzt. Auf diese Weise wird der Energieaufwand für die Lungenventilation reduziert.
- Die beschleunigte Atmung fördert die Selbstreinigung der Luftwege und der Alveolen. Abgelagerter Schleim wird

verflüssigt und kann abgehustet werden. Damit verlassen auch Schmutzpartikel, Keime u. a. die Atemwege.

Die dargestellten akuten Veränderungen unter sportlicher Aktivität bleiben, wenn sie regelmäßig herausgefordert werden, als Anpassungszeichen bis zu einem gewissen Maße auch in Permanenz erhalten.

Hinzu kommt eine trainingsbedingte Verbesserung der **Ventilationsfähigkeit**. So wird die Atemmuskulatur gekräftigt und die Beweglichkeit des Brustkorbs verbessert. Die Abbildung 5 zeigt die Dehnungsfähigkeit des Brustkorbs bei sporttreibenden und nichtsporttreibenden Frauen und Männern zwischen dem 30. und 60. Lebensjahr.

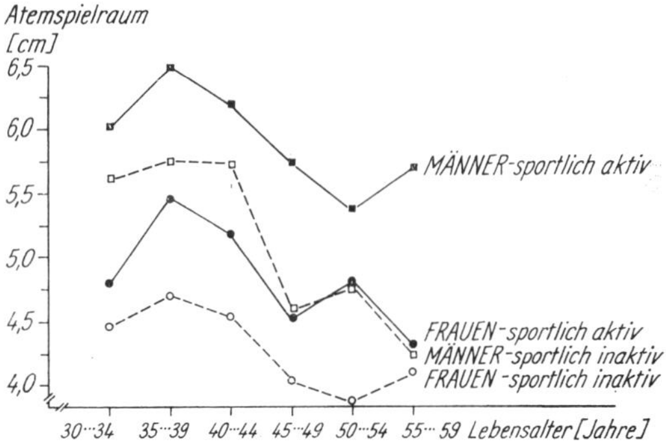

Abb. 5 Der Atemspielraum (Differenz) des Brustkorbumfangs bei maximaler Aus- und Einatmung bei 30- bis 60jährigen sportlich aktiven und inaktiven Frauen und Männern

Die Unterschiede in Abhängigkeit von der körperlichen Aktivität sind beeindruckend. Vergleichbare Verhältnisse stellen sich auch bei der **Vitalkapazität** (nutzbares Fassungsvermögen der Lunge) dar. Beide Meßgrößen lassen sich durch eine spezielle Gymnastik gezielt verbessern (s. u.). Weiterhin zeigt sich als besonders wesentlich für alte Menschen das Atemäquivalent durch Sporttreiben verbessert; eine solche sportbedingte Entwicklung besagt, daß aus einer bestimmten ventilierten Luftmenge mehr Sauerstoff verwertet wird.

Die Lungenventilation unterliegt zwar einer unwillkürlichen (autonomen) Kontrolle, sie ist jedoch in bestimmten Grenzen auch willkürlich zu beeinflussen. Diese Gelegenheit eröffnet die Möglichkeit, **im Alterssport die Lungenfunktion zu optimieren durch eine gezielte Einflußnahme auf die Atemtechnik bei der Sportausübung.**

Das Verhältnis von Atemzugvolumen zu Atemfrequenz

Beim zügigen Wandern kann das erforderliche Atemminutenvolumen von 20 l z. B. durch 15-30 Atemzüge zu jeweils 0,5 l oder durch 15 Atemzüge zu jeweils 1 l realisiert werden. Die langsame Tiefatmung ist eindeutig effektiver; Hecheln ist unökonomisch. Selbstverständlich verläßt die übertriebene Tiefatmung ebenfalls wiederum das Optimum. Dennoch muß im Alterssport immer wieder die relativ langsame Tiefatmung gefordert werden. Ein großes Atemzugvolumen hat auch den Vorteil, daß das Mischungsverhältnis von eingeatmeter Frischluft und in der Lunge verbliebener „verbrauchter" Luft günstig ist. Mit dieser Bewertung hängt zusammen, daß bei der Atemführung eine mehr exspiratorische Atemlage gewählt wird, d. h., daß eine betonte Ausatmung stattfinden soll. Auf diese Weise verbleibt relativ wenig sauerstoffverarmte Luft in der Lunge, die sich mit der Frischluft mischt. Die geforderte Tiefatmung hat keinen negativen Einfluß auf das Herz oder die Bauchorgane; im Gegenteil, die großen Exkursionen von Brustkorb und Zwerchfell, verbunden mit deutlichen Druckschwankungen, befördern im Sinne einer Blutpumpe den Rückstrom des venösen Blutes zum Herzen. In Bezug auf die verlangte Orientierung auf die Tiefatmung bei Alterssportlern muß betont angesprochen werden, daß insbesondere alte Menschen bei Belastung spontan falsch atmen, daß sie zur Flachatmung tendieren. Die ständige Korrektur ist notwendig, bis der dargestellte Atemtyp „in Fleisch und Blut" übergegangen ist.

Das Verhältnis von Ein- zu Ausatmung

Volumenmäßig muß grundsätzlich soviel Luft aus- wie eingeatmet werden. Zeitlich läßt sich das Verhältnis von Ein- zu Ausatmung jedoch variieren. Eine Optimierung der Atemtechnik unter Belastung macht eine Betonung der Ausatmung geltend. Die Phase der Ausatmung sollte etwas mehr Zeit in Anspruch nehmen als die der Einatmung. Auch empfiehlt es sich, nach „normaler" Ausatmung einen leichten Ausatmungsstoß zu praktizieren, weil auf diese Weise wiederum diejenige Luft aus der Lunge entfernt wird, die am längsten am Gasaustausch teilgenommen hat. Alterssportler neigen in ganz besonderem Maße dazu, unter Belastung die Atemmittellage zur Einatmungsseite zu verstellen, d. h. den Brustkorb anzuheben. Eine solche Tendenz muß Anlaß sein, bewußt eine mehr exspiratorische Atemlage einzunehmen.

Muß der Atemrhythmus mit dem Bewegungsrhythmus übereinstimmen? Sollten Atmung und Motorik synchron verlaufen? Diese Frage ist allein stichhaltig für Sportarten mit zyklischem Bewegungsablauf. Beim Schwimmen und Rudern müssen Bewegung und Atmung aus biomechanischen Gründen koordiniert und miteinander gekoppelt werden. Beim Lauf, Skilauf oder Radfahren muß die Atmung nicht bewußt auf den Bewegungsrhythmus orientiert werden. Vielfach geschieht das durch den Sportler spontan; strikte Vorschriften sind unangebracht. Beim Lauf z. B. sollten Alterssportler auf die **Tiefatmung und die Ausatmung** achten, eine Anbindung an den Schritt sollte nicht stattfinden. Erfahrungen haben ergeben, daß der Sporttreibende im wahren Sinne des Wortes wie befreit aufatmet, wenn der rhythmische Einklang von Lungenventilation und Bewegung aufgegeben werden. **Gerade im Alterssport darf sich die Atmung grundsätzlich nicht dem Bewegungsablauf unterordnen.** Die Atmung richtet sich unter Beachtung der dargelegten Prinzipien nach dem **Sauerstoffbedarf.**

Das Verhältnis von Brust- zu Bauchatmung

Die Brustatmung erfolgt durch Heben und Senken des Brustkorbs, die Bauchatmung wird durch die Auf- und Abwärtsbewegung des Zwerchfells bewerkstelligt. Beide Formen werden gleichzeitig und gleichsinnig eingesetzt. Die Zwerchfellbewegung (Bauchatmung) trägt etwa 80 % zur Lungenventilation bei! Bei verstärkter Anforderung an die Atmung bildet sich eine Neigung zur Brustatmung heraus. Eine solche Tendenz begünstigt ein Anheben der Atemmittellage, d. h., der Brustkorb verharrt in einer gewissen Einatmungsposition. Eine derartige (ungünstige) Konstellation unterstreicht nachdrücklich die Forderung nach **betonter Ausatmung.**

Das Verhältnis von Mund- zu Nasenatmung

Die Luftwege öffnen sich nach außen über Mund und Nase, und so können sowohl die Nase als auch der Mund den Anfangsabschnitt der Atemwege bilden.

Die Nasenatmung bietet prinzipielle Vorteile wegen der zuverlässigen Heiz- und Kühlfunktion, Filterwirkung sowie Anfeuchtung der Atemluft. Die im Sport immer wieder erhobene Forderung nach ausschließlicher Anwendung der Nasenatmung muß jedoch als unrealistisch zurückgewiesen werden.

Schon in Ruhe ist der Widerstand des Luftstromes bei der Nasenatmung zwei- bis dreimal höher als bei der Mundatmung; bei gesteigerter Ventilation verändert sich das schon bei den geringen Erhöhungen des Ventilationsbedarfs im Alterssport zu ungunsten der Nase.

Im Mittel beträgt der Atemgrenzwert (maximal mögliche Ventilation) bei reiner Nasenatmung weniger als 50 % gegenüber der Mundatmung.

Der Übergang von der Nasen- zur Nasen-Mund-Atmung ist beim Alterssportler schon bei relativ geringer Ventilationssteigerung erforderlich, da es sonst zu einer Minderventilation kommt. Atemminutenvolumina, wie sie schon bei verhältnismäßig niedrigen Intensitäten auftreten, sind über die Nasenatmung allein nicht mehr zu verwirklichen; hier muß zusätzlich die Mundatmung einsetzen. Dabei werden beide Atemwege gleichzeitig benutzt; der weitaus größere Teil der Atemluft gelangt bei der Kombination von Nasen- und Mundatmung über den Mund in die Lunge. Der Atemwiderstand wird durch den Übergang auf eine vorherrschende Mundatmung minimiert.

Die **Mundatmung ist im Sport und insbesondere im Alterssport unerläßlich**, ihre Nachteile fallen kaum ins Gewicht.

Die Luft gelangt bei der Mundatmung durchaus temperiert in die Lunge. Skilangläufe können bei Temperaturen unter minus 10 °C praktiziert werden; es wird dabei auch bei alten Menschen keine kältebedingte Störung der

Lungen beobachtet. Die Luft hat, wenn sie die Lungen erreicht, eine Temperatur von 37 °C angenommen.

Im Verlauf eines Trainings kommt es weiterhin zu Anpassungsreaktionen der Schleimhäute in der Weise, daß ihre Austrocknung selbst bei verstärkter Atmung verhindert wird.

Für eine erhöhte Anfälligkeit gegenüber Infekten der oberen Luftwege bei Sportlern, die in Training und Wettkampf die Nasen-Mund-Atmung praktizieren, gibt es keinen gesicherten Anhalt.

Jede Auffassung, die auf eine strikte Ablehnung der Mundatmung im Sport hinausläuft, muß als überholt angesehen werden; das gilt ohne Einschränkung auch für den Alterssport.

Vor allem muß davon ausgegangen werden, daß der Sporttreibende nur während körperlicher Anforderungen verstärkt durch den Mund atmet; über die weitaus längste Zeit des Tages praktiziert er die Nasenatmung. Alle ungünstigen Faktoren, die zu Recht gegen eine permanente Mundatmung ins Feld geführt werden, gelten für das Sporttreiben nicht.

8.1 Preßatmung

Unter Preßatmung (Pressung) wird eine **starke Ausatmungsaktion** bei geschlossener Stimmritze, d. h. bei bewußt verhinderter Ausatmung verstanden. Es werden bei luftgefüllter Lunge die Ausatmungsmuskeln stark innerviert, wobei jedoch infolge der Blockierung der Stimmritze durch die Stimmbänder im Kehlkopf die Luft nicht aus der Lunge entweichen kann, sie ist eingepreßt. Die Pressung wird im Sport zur Herbeiführung besonderer biomechanischer Verhältnisse praktiziert (s. u.); es kommt dabei jedoch zu einer ungünstigen Herzkreislaufsituation, die insbesondere für alte Menschen sehr negative Auswirkungen haben kann.

Die Pressung erzeugt im Brustraum einen Innendruck, der höher ist als der Druck in den blutzuführenden Venen. Unter diesen Umständen kann das venöse Blut nicht in den Brustraum und damit nicht in das Herz (in den rechten Vorhof) gelangen.

Es kommt bei längerer Pressung zu einem Blutstau vor dem Brustkorb, was an der Rötung des Gesichts und der Schwellung der Venen im Hals- und Kopfbereich sichtbar wird. Die linke Herzkammer dagegen, der die Aufgabe zufällt, den arteriellen Druck zu erzeugen und das Blut aus dem Brustraum herauszupumpen, vermag den Innendruck des Brustkorbes auch bei starker Pressung zu überwinden und das Blut in den Körperkreislauf zu befördern. Unter den Gegebenheiten des blockierten Zustroms und des normal verlaufenden Abtransports tritt ein zunehmender Blutmangel im Brustraum ein, und das Herz kann sich leerpumpen. Der daraus resultierende Mangel an O_2-beladenem Blut im Körper kann über eine Sauerstoffnot bestimmter Abschnitte des Gehirns bis zur Bewußtlosigkeit führen. Hinzu kommt, daß reflektorisch ein starker Anstieg des systolischen Blutdrucks erfolgt, was namentlich für die arteriellen Blutgefäße des Gehirns und des Herzens älterer Menschen riskant ist. Ebenso kritisch ist aber auch die plötzliche Freigabe der Pressung; dabei stürzt das Blut buchstäblich in das (rechte) Herz, was zu schwerwiegenden Rhythmusstörungen und weiteren negativen reflektorischen Reaktionen des Herzens führen kann.

Die Preßatmung ist bei bestimmten Bewegungsabläufen im Sport geradezu unerläßlich. Durch einen Preßvorgang erfolgt die Fixierung des Brustkorbs als Voraussetzung für einen wirksamen Einsatz der oberen Extremitäten. Erst der durch eine Pressung festgestellte Brustkorb bildet ein unnachgiebiges Widerlager für die durch den Schultergürtel mit dem Brustkorb verbundenen Arme. Jede kraftvolle Bewegung im Schultergelenk provoziert fast reflektorisch eine Preßatmung, ebenso wie das Bemühen, kraftvoll eine generelle Körperspannung zu erzeugen. Im Alterssport sind immer wieder Bewegungskonstellationen möglich, die eine bedenkliche Preßatmung herausfordern. **Alterssportler wie Übungsleiter haben darauf bedacht zu sein, Preßmanöver zu vermeiden; diese Forderung ist konsequent durchzusetzen.** So hat es sich z. B. bei Spannungsübungen bewährt, laut zu zählen; auf diese Weise läßt sich die Unterbrechung der Atmung einfach abwenden.

8.2 Hyperventilation

Die Hyperventilation ist in gewissem Sinne das Gegenteil der Pressung. Es erfolgt dabei eine Verstärkung der Lungenventilation, die über die Erfordernisse hinausgeht. Ein solches Atemmuster ist mitunter bei Nervosität und Aufregung gegeben. Die Konsequenz ist eine überschießende Abatmung von CO_2 (Hypokapnie), wodurch Schwindel und Benommenheit eintreten kann. Es erhöht sich damit das Risiko von Unfall und Verletzung; außerdem wirken die Mißempfindungen demotivierend. Ein potentieller Zustand der CO_2-Verarmung durch Hyperventilation muß bedacht und vermieden werden. Es nutzt allein die Schaffung einer beruhigenden Atmosphäre.

8.3 Atemgymnastik

Mit ansteigendem Lebensalter wird infolge Nichtgebrauchs die Fähigkeit zur Tiefatmung ständig geringer. **Zum Alterssport gehört unverzichtbar und regelmäßig die**

Atemgymnastik. Die sachbezogene Übungsauswahl ist vielfältig. In erster Linie geht es jedoch immer wieder um ausgiebige Exkursionen von Brustkorb und Zwerchfell, d. h. **hochgradige Ein- und Ausatmung.**

Praktisches Vorgehen

Als Grundübung hat es sich eingebürgert, bei der Einatmung die Arme hochzuführen und den Rumpf zu strekken, bei der anschließenden Ausatmung werden die Arme gesenkt und der Rumpf wird in eine entspannte Beugehaltung nach vorne geführt.

Die Abbildung 6 mit den erläuternden Angaben zeigt, daß es bei der tiefen Inspiration atemmechanisch optimal ist, wenn die Arme locker neben dem Rumpf verbleiben.

	Einatmung			Ausatmung
Arme	Hochhalte	Seithalte	neben d. Körper	
Vitalkapazität (ml)	3700	3850	4200	
Weitung des Thorax (cm)	4,5	5,5	7,0	

Abb. 6 Vitalkapazität und Brustkorbweitung in Abhängigkeit von der Armhaltung bei der Atemgymnastik

Die Hochhalte der Arme bei der Einatmung wirkt einschränkend. Eine solche Haltung ist sehr gut geeignet für die Verbesserung der Beweglichkeit im Schultergelenk sowie zur Streckung der Wirbelsäule. Gegen ihre Anwendung gibt es somit kein Argument; der in der traditionellen Atemgymnastik zu beobachtende Automatismus, bei der Einatmung die Arme hochzuführen, sollte jedoch differenziert betrachtet werden. Am wirksamsten ist für **alte Menschen die tiefe Inspiration bei leicht vom Rumpf abgespreizten hängenden Armen. Die wichtigste Bestimmung der Atemgymnastik im Alterssport bleibt die maximale Exspiration.** Hier existiert eine Möglichkeit, dem im Alter sich geradezu unausweichlich einstellenden Lungenemphysem entgegenzuwirken.

9 Blut, Sinnesorgane, Verdauungssystem

Übereinstimmung herrscht inzwischen bei der Bewertung des Einflusses eines ausdauerbetonten Sporttreibens auf das Blut. Die Konzentration der Erythrozyten geht leicht zurück; die Blutmenge nimmt dagegen zu. Auf diese Weise ist die Gesamtzahl der roten Blutkörperchen, die den Sauerstoff transportieren, etwas erhöht. Die Sauerstoffversorgung der Körpergewebe wird durch diesen Adaptationsmechanismus verbessert. Vor allem aber werden die Fließeigenschaften des Blutes positiv beeinflußt; die Viskosität (Klebrigkeit) der Kreislaufflüssigkeit ist reduziert. Auch diese bewegungsbedingte Anpassung steigert die Verfügbarkeit des Sauerstoffs für die Organe und vor allem, sie hat eine **entlastende Wirkung für das Herz**. Von Bedeutung ist auch der Einfluß des Sporttreibens auf die Blutgerinnung. Die Summation aller Gerinnungsfaktoren führt zu einer gewissen Herabsetzung des Gerinnungspotentials, wodurch die Wahrscheinlichkeit einer Blutgerinnung innerhalb des zumeist arteriosklerotisch veränderten Gefäßsystems (Thrombose) herabgesetzt wird.

Wenig bekannt ist über den Einfluß des Sporttreibens auf die Sinnesorgane. Nachgewiesen ist, daß längere Bettruhe zu einer sensorischen Verarmung und zu einer Anhebung der Hörschwelle führt. Es ist nicht auszuschließen, daß die körperliche Aktivität den alternsbedingten Rückgang des Hörvermögens verzögert. Belegt wird die Möglichkeit einer solchen Entwicklung auch durch Instrumentalmusiker, bei denen neben der Feinmotorik allerdings auch der „Gebrauch" des Gehörs eine Rolle spielt. Für das Auge gelten möglicherweise ähnliche Mechanismen; allerdings fehlen dafür bislang wissenschaftlich begründete Positionen. Der Einsatz des Auges z. B. beim Ballspiel läßt aber auch hier durchaus positive Einflüsse erwarten. Ein wiederholt ermittelter Befund ist die aktuelle Ausweitung des Gesichtsfeldes bei (nicht ermüdenden) sportlichen Belastungen. Diese Verbesserung des peripheren Sehens ist beim Sporttreiben selber ein Faktor der Unfallverhütung. Ob die Vergrößerung des Gesichtsfeldes bei Alterssportlern auch unter Ruhebedingungen erhalten bleibt, ist bislang nicht nachgewiesen. Das Glaukom (grüner Star, erhöhter Augeninnendruck) ist eine relativ häufige Augenerkrankung im Alter. Das Glaukom reagiert auf intensive Belastung negativ; ein praktisches Herangehen im Alterssport, wie es in den vorangegangenen Abschnitten beschrieben wurde, beeinflußt das Glaukom günstig, indem der Augeninnendruck bleibend gesenkt wird! Es geht auch hier um die Realisierung des Prinzips „Lang-und-langsam".

Beeindruckend ist der Gewinn, den der Alterssport beim „Muskelsinn" und bei der Bewegungswahrnehmung, die von den Gelenkstrukturen ausgehen, bewirken kann. Die Meßfühler (Rezeptoren) in diesen Bereichen verbessern bei häufiger Bewegung ihre Ansprechbarkeit, d. h., sie reagieren prompter und zuverlässiger. Dasselbe gilt durchaus je nach Beanspruchung auch für bestimmte Rezeptoren der Haut, z. B. an den Fußsohlen oder Händen. Anpassungen dieser Art schaffen sehr gute Voraussetzungen für die mentale Bewegungsverarbeitung und die Bewegungserfahrung, und sie werden zu einem Element der Bewegungssicherheit und der Körperbeherrschung.

Der Alterssport beeinflußt die Verdauung. Es ist nachgewiesen, daß Sporttreibende jeden Alters, aber insbesondere Alterssportler, überdurchschnittliche Kenntnisse zur gesunden Ernährung besitzen; auch das Problem einer ausreichenden Aufnahme von Ballaststoffen ist weitgehend bekannt, und es wird in der Ernährungspraxis bedacht. Ein wichtiges Moment hinsichtlich der Verdauungsförderung ist der mechanische Stimulus, der bei jeder Bewegung auf die Verdauungsorgane ausgeübt wird; **Bewegung fördert zweifelsfrei die Tätigkeit der „Eingeweide“.**

10 Regulation der Körpertemperatur

Sport ist in der Regel „Arbeit im physikalischen Sinne". Dabei wird Energie für die Muskelaktivität aus chemischen Reaktionen bereitgestellt. Jede Energiewandlung ist mit einer Wärmefreisetzung im Körper verbunden. Der Nutzeffekt der Muskeltätigkeit des Menschen beträgt im günstigsten Falle 30 %. Mindestens 70 % der transformierten Energie werden somit in Wärme und höchstens 30 % in mechanische Energie umgewandelt. Die Wärme ist damit ein bemerkenswertes Begleitprodukt der Energietransformation.

Auch der Alterssportler nimmt die innere Erwärmung während der sportlichen Aktivität wahr. Im Zusammenhang mit der Thermoregulation bei längeren Anforderungen können für den älteren Menschen 2 Vorgänge von besonderem Interesse werden:

- der Anstieg der Körpertemperatur,
- die schweißbedingte negative Wasserbilanz des Organismus sowie Änderungen in der Blutzusammensetzung.

Bei alten Menschen ist der Ruhewert der Körperkerntemperatur um etwa 1 °C herabgesetzt; das steht im Zusammenhang mit der Verlangsamung der Stoffwechselprozesse. Inzwischen ist erwiesen, daß Alterssportler einen Sollwert ihrer Körperinnentemperatur wie junge Menschen haben. Auch hier zeigt sich das Prinzip der Verjugendlichung.

Alterssportler reagieren bei bewegungsbedingter Steigerung ihrer Körperkerntemperatur prompt mit

der Aktivierung der Mechanismen, die für die Beseitigung der Überschußwärme aus dem Organismus zuständig sind (Leitung, Transport, Strahlung, Schweißabsonderung). Alterssportler haben z. B. eine tiefere Schwitzschwelle und eine höhere Schwitzkapazität als Nichtsporttreibende; sie weisen auch hier Verhältnisse auf, wie sie für junge Menschen typisch sind, die ihre Kerntemperatur zuverlässig gegen starke Anstiege zu bewahren in der Lage sind. Der Alterssportler zeigt auch in unseren Breiten Merkmale der Akklimatisation an Wärme.

Beim praktischen Sportbetrieb ist den jeweiligen thermoregulatorischen Erfordernissen zunächst durch eine sachgerechte Kleidung Rechnung zu tragen. Treten Schweißverluste ein, so sind diese möglichst kurzfristig auszugleichen. Der alte Mensch tendiert ohnehin zur „Austrocknung", so daß eine weitere Flüssigkeitsverarmung Störungen Vorschub leisten kann. Der Flüssigkeitsnachschub sollte kombiniert mit einer **Vitamin- und Mineralienzufuhr** erfolgen (Obstsäfte, Tee mit Zitrone, Milch, kommerzielle Präparate); nicht zu empfehlen sind alkoholische, eisgekühlte oder stark CO_2-haltige Getränke. **Der schnelle Ersatz der Flüssigkeit, die durch den Schweiß verloren gegangen ist, hat eine hohe Bedeutung für die uneingeschränkte Herz- und Nierentätigkeit.**

Ältere Menschen bevorzugen vielfach Sportarten mit primär geringen Intensitätsanteilen; werden diese im Winter oder im Wasser betrieben, so kann durchaus das Problem stärkerer Auskühlung aktuell werden. Es wurde oft beschrieben, daß bei alten Menschen unter entsprechenden Bedingungen rasch eine Auskühlung stattfindet; die Vorgänge, die zur Aufrechterhaltung der Körperkerntemperatur erforderlich sind, werden ungenügend aktiviert. Eine unnötige Kälteexposition sollte im Alterssport unterbleiben; auch sind ausgekühlte Gelenke verletzungsanfällig und kalte Hände ungeschickt. Dennoch ist jeglicher Alterssport dazu angetan, im Sinne der positiven Kreuzadaptation (s. Kap. 13) die Kälteresistenz zu verbessern.

Hohe Aktualität erlangen für ältere Menschen das Schwimmen (in relativ kaltem Wasser) und das Eisbaden (Winterschwimmen). Hier kommt es zu einer akuten Störung des Wärmegleichgewichts des Organismus im Sinne eines Wärmeentzugs. Bei alten Menschen wurden die Regulationsmechanismen als Antwort auf diese Situation in ihrer Kapazität, Effektivität und Geschwindigkeit reduziert gefunden. In einem offensichtlichen Widerspruch zu diesen experimentell gestützten Aussagen stehen jedoch die praktischen Beobachtungen an Winterschwimmern. Bei diesem Personenkreis handelt es sich zweifellos um eine Selektion, um eine thermoregulatorische wie immunologische „Elite"; dennoch ist bei der Beteiligung an dieser Sportform der relativ große Anteil von Menschen im mittleren und höheren Lebensalter auffällig. Zwischenfälle wurden bei richtigem Vorgehen kaum registriert. Die guten Möglichkeiten einer Adaptation von alten Menschen an die gegebenen Bedingungen dürften in der Praxis ihren Beweis geliefert haben.

Bei adaptierten alten Personen findet sich das Kältezittern herabgesetzt und die Wiedererwärmung beschleunigt und überschießend. Die Aussagen der Winterschwimmer zum Einfluß ihrer Aktivität auf das Befinden und den Gesundheitsstatus sind überzeugend positiv.

10.1 Störungen der Thermoregulation

Ein infolge Erkrankung und (oder) ungenügender Adaptation labiler Kreislauf ist besonders anfällig. Die Möglichkeit eines Kreislaufkollapses bei Überwärmung muß stets erwogen werden. Wenn ein solches Vorkommnis (ebenso wie ein Hitzschlag) bei alten Menschen dennoch selten eintritt, so nur, weil entsprechende Expositionen selten gegeben sind. Die Zunahme extensiver sportlicher Anforderungen, die ältere Menschen an sich richten, führte jedoch bereits zum wiederholten Auftreten von Hitzschlägen.

Besonders riskant für ältere Menschen ist die Kombination von Hitze und hoher relativer Luftfeuchtigkeit mit Krankheit, Medikamentenwirkung und Anstrengung. Auf der Basis einer solchen Häufung disponierender bzw. auslösender Faktoren kann sich leicht eine thermoregulatorische Störung entwickeln. Weitere disponierende Komponenten wären ein stark gefüllter Magen, Alkoholgenuß, körperliche Erschöpfung sowie psychische Belastungen. Bei der Beurteilung der individuellen thermoregulatorischen Kapazität ist der jeweilige Momentanzustand verläßlich zu berücksichtigen. Zweifelsfrei ist das Übergewicht bei alten Menschen in besonderem Maße ein Faktor, der organismische Hitzestörungen begünstigen kann. Gesteigerte Körperkern- oder Regionaltemperatur plus Flüssigkeitsverarmung setzen die Krampfschwelle des Arbeitsmuskels herab. Da einzelne ältere Menschen ohnehin eine Neigung zum Muskelkrampf (namentlich im Bereich der Wade) besitzen, sollte auch aus diesem Grunde beim Hitzestreß ausreichend Flüssigkeit zugeführt werden. Die belastungsinduzierte Erhöhung der Körperkerntemperatur mit ihren Folgeerscheinungen kann bei älteren Menschen durchaus einmal Verwirrungszustände hervorrufen; eine solche Konfusion ist zwar stets vorübergehend, deutet aber doch auf eine gravierende zerebrale Zustandsänderung hin. Die Diagnostik und Behandlung akuter Störungen der Thermoregulation und ihrer Folgen richtet sich nach den allgemeingültigen Richtlinien. Es ist davon auszugehen, daß die Erholungszeit nach einer thermoregulatorischen Episode bei alten Menschen deutlich verlängert ist. Die Erfahrung zeigt, daß alte Menschen, die regelmäßig Ausdauersport betreiben, über eine gute „Wetterpraxis" verfügen. Sie kennen im Regelfall auch ihre verlängerten Erholungszeiten nach einem Hitze- oder Kältestreß.

Alte Menschen setzen sich erfahrungsgemäß spontan und auch auf Geheiß ihrer Umwelt selten extremen thermischen (klimatischen) Bedingungen aus; sie akzeptieren enge Grenzen hinsichtlich ihres klimatischen Milieus. Nicht nur die Kleidung, sondern auch die körperliche Leistung wird der herrschenden Temperatur konsequent angepaßt. Sie bevorzugen den thermalen Komfort. Um alte Menschen wird von ihrer Umwelt in dieser Hinsicht herkömmlich ein „Schonungsritual" aufgebaut; selbst milde Abhärtungsprozeduren werden oftmals kaum akzeptiert und als zu eingreifend betrachtet. Diese Gesamtsituation führt zu einem Übungs- und damit Adaptations- und Funktionsverlust im Bereich der Thermoregulation mit nachfolgender Störanfälligkeit bei stärkerer Inanspruchnahme dieses Systems. Die Trainierbarkeit des Systems der Thermoregulation manifestiert sich bei alten Ausdauersportlern, die in der Lage sind, einzelne thermoregulatorische Mechanismen bemerkenswert stark zu aktivieren. Das gleiche gilt für alte Menschen, die regelmäßig die Sauna aufsuchen; bei ihnen findet sich z. B. eine bedarfsgerecht stimulierbare starke Schweißsekretion. Bezeichnend ist, daß bei längerem Aussetzen der thermoregulatorischen Anforderungen eine schnelle Rückbildung der Wärmeabgabevorgänge stattfindet; diese erreichen jedoch bei erneutem Einwirken der entsprechenden Reize schnell wieder das ursprüngliche Niveau.

Das angemessene Training thermoregulatorischer Vorgänge sollte unter dem Aspekt der Präventivmedizin gerade auch von alten Menschen genutzt werden. Im Sinne der positiven Kreuzadaptation lassen sich die inneren Bedingungen des Organismus optimieren („Abhärtung"); es kommt zu einer generellen Resistenzsteigerung.

Mit der Verbesserung der Thermoregulation sinkt u. a. die Neigung zu Infekten; auch kommt es zu einer Befindensverbesserung und zu geringerer Wetterfühligkeit.

11 Wasserbestand des Körpers

Das Wasser ist ein bedeutender Baustein des Körpers; es macht etwa 60 % der Körpermasse aus. Allein von dieser Masse her muß das Wasser erhebliche Auswirkungen auf körperliche Reaktionen haben, und es muß auch das Altern mitbestimmen.

Das Altern geht mit einer Verringerung des Wassergehaltes des Körpers einher. Alte Menschen wirken oftmals „verdorrt". Das Alternsphänomen der Austrocknung betrifft sichtbar die Haut; sie erscheint welk und faltig, und sie weist gewissermaßen Erosionsschäden auf. Der Elastizitätsverlust ist offensichtlich.

Mit ansteigendem Alter verändert sich die Körperzusammensetzung. Es kommt alternsbedingt zu einer Senkung des Sollwertes für den Wassergehalt der Körpergewebe. Wohlbekannt ist, daß die Durstschwelle bei alten Menschen heraufgesetzt ist; sie trinken im Regelfall zu wenig. Die Fähigkeit zum Schwitzen ist herabgesetzt. Das ungenügende Wasserbindungsvermögen des Organismus führt nachvollziehbar zu vielfältigen negativen Folgeerscheinungen.

Für den Alterssport ist der Elastizitätsverlust aller Gelenkstrukturen von Bedeutung. Es kommt zur Verfestigung und z. B. an Bändern und Kapseln bildhaft zur Schrumpfung. Das hat eine mangelhafte Elastizität zur Folge, so daß die Dehnbarkeit und damit die Beweglichkeit leidet. Dehydrationserscheinungen sind am Knorpel besonders negativ zu werten, weil die Arthrose hier ihren Ausgangspunkt hat. Auch die Zwischenwirbelscheiben werden schmaler, was Beweglichkeitseinschränkungen und eine Verschlechterung ihrer Stoßdämpferfunktion nach sich zieht. Insgesamt haben die genannten typischen Alternsveränderungen, die u. a. auch in einem Zusammenhang mit der Wasserverarmung zu sehen sind, eine gesteigerte Verletzungsanfälligkeit im Gelenkbereich zur Folge. Bei der Durchführung des Alterssports sind diese Veränderungen im Sinne der Verletzungsprävention zu berücksichtigen; andererseits ist ein kunstgerechter Alterssport ein Instrument, das in der Lage ist, die Situation zu verbessern (s. Kap. 3).

Ein weiteres Phänomen der alternsbedingten Flüssigkeitsverarmung, das ebenfalls beim Alterssport in Rechnung zu stellen ist, betrifft den Rückgang des Blutvolumens. Damit verbunden ist vielfach eine Eindickung des Blutes. Als Konsequenz ist eine Steigerung der Viskosität des Blutes festzustellen; die „Klebrigkeit" des Blutes nimmt zu. Eine solche Veränderung verschlechtert die Fließeigenschaften der Kreislaufflüssigkeit, was die Pumpleistung des Herzens erschwert. Vielfach findet sich auch die Gerinnungsneigung des Blutes erhöht; damit ist insgesamt das Risiko einer Thrombose gesteigert. Sporttreibende haben nachweislich ein vergrößertes Blutvolumen als bewegungsbedingte Anpassungserscheinung. Der Sportbetrieb entlastet somit die o. g. Situation, die das Herz-Kreislauf-System belastet.

Jede körperliche Aktivität schiebt gewissermaßen das Wasser im Körper herum. Bei Untätigkeit bleibt das Wasser buchstäblich auf Halde liegen, und die Zellen ersticken im eigenen Saft. „Fließendes Wasser ist klar, stehendes Wasser fault", heißt es. Das liegenbleibende Wasser kann möglicherweise sogar toxischen Charakter annehmen und auf die Nachbarschaft ausstrahlen; ein stimulierter Kreislauf funktioniert dann wie eine Müllabfuhr, die eine Störquelle beseitigt. Es liegt nahe, daß das nicht oder sehr langsam ausgetauschte Körperwasser Alternsprozesse fördert. Andererseits gilt „alles, was sich erneuert, altert nicht so schnell". Der adäquate Sportbetrieb führt dazu, daß die **Kapillaren sich öffnen und daß der Organismus durchgespült wird.** Eine solche Anregung bewirkt einen Flüssigkeitsaustausch sowie eine Umwälzung und Regenerierung des Wasserbestandes, und das bedeutet Entschlackung.

Regelmäßiges Sporttreiben erhöht den Wassergehalt des Körpers. Untersuchungen tschechischer Sportwissenschaftler erbrachten folgende quantitativen Werte für das Wasser als Körperbestandteil:

untrainierte 25jährige: 62 %
untrainierte 45jährige: 56 %
untrainierte 65jährige: 53 %
70jährige Läufer: 63 %!

Die dargestellten experimentellen Resultate dürften überzeugend sein.

Der Alterssportler und sein Betreuer sollten die positiven Auswirkungen auf den für Alternsvorgänge so wesentlichen Wasserhaushalt des Körpers kennen; diese Kenntnis kann die weitere Motivation zum konsequenten Sporttreiben unterstützen.

Alte Menschen trinken zu wenig; ihre Durstwahrnehmung ist herabgesetzt. Regelmäßiges Sporttreiben erniedrigt die Durstschwelle! **Dennoch sollten Alterssportler immer wieder aufgefordert werden, reichlich zu trinken.**

Angemerkt sei, daß regelmäßige Saunabesuche ähnliche positive Auswirkungen wie das Sporttreiben auf die Wassersituation des Körpers haben können. **Eine Kombination von Sauna und Sport im Lebensablauf ist zu empfehlen.** Der Sportbetrieb muß nicht unbedingt mit starker Schweißbildung einher gehen, um den Wasserhaushalt günstig zu beeinflussen.

12 Psychische Wirkungen

Alte Menschen tendieren zu depressiven Verstimmungen und zu Ängstlichkeit. Solche psychischen Mißhelligkeiten beeinträchtigen das Befinden, das Selbstvertrauen und den Handlungsantrieb.

Die Auswirkungen gesteigerter körperlicher Aktivität auf psychische Funktionen im Alter sind noch relativ wenig erforscht. Aus den Befunden, die an jüngeren Menschen ermittelt wurden, lassen sich jedoch logische und auch bereits erfahrungsgestützte Schlüsse auf die Situation bei alten Menschen ziehen. Die Thematik ist für den Alterssport von hoher Bedeutung, weil gerade die psychische Seite der Effekte des regelmäßigen Sporttreibens in ihrem Wert sehr hoch zu veranschlagen ist.

Ein besonders auffälliger Befund, der nach intensiv-ausdauernder sportlicher Belastung bei Menschen „im besten Alter" zu beobachten ist, besteht in einer deutlichen Anhebung der Stimmung; dieses Phänomen wurde als „runner's high" oder Nachbelastungseuphorie bezeichnet. Für eine solche Reaktion ist eine Reihe von physiologischen Mechanismen zuständig, die durch die Belastung aktiviert werden und die mehr oder weniger auch relativ anhaltende Auswirkungen haben. Die im Alterssport geforderten Belastungen bringen die psychisch relevanten organismischen Reaktionen fraglos in einem geringeren Maße zur Geltung als das bei höher belastbaren Personen der Fall ist. Dennoch kann davon ausgegangen werden, daß belastungsinduzierte psychisch stichhaltige Reaktionen auch bei Alterssportlern unter altersgerechten Belastungen zu erwarten sind.

Die nachfolgende kurze Darstellung einer Reihe von organismischen Umstellungen, die mit gesteigerter ausdauernder Muskelaktivität verbunden sind, drücken objektivierbare Befunde aus, die einen Einfluß auf psychische Funktionen haben können.

- Es kommt zu einer gesteigerten Bildung von körpereigenen opioiden Peptiden (z. B. Endorphinen); es handelt sich dabei um morphinähnliche Substanzen, die zahlreiche Wirkungen im Körper entfalten. Unter diesen Wirkungen ist die Verbesserung der Stimmungslage und die Anhebung der Schmerzschwelle (= Schmerzdämpfung) für den Alterssport besonders stichhaltig.
- Von den nervalen motorischen Impulsen, die von der Hirnrinde zur Aktivierung der Muskulatur ausgesandt werden, gelangen Seitenimpulse, sog. Befehlskopien, in solche Hirnregionen, in denen psychische Vorgänge modifiziert werden können. Die motorischen Signale beeinflussen die Ansprechbarkeit zahlreicher Hirnabschnitte.
- Die tätige Muskulatur sendet über Nervenbahnen Signale über ihren Zustand an das Zentralnervensystem. Diese Impulse aus der Peripherie erreichen im Gehirn auch Areale, in denen psychische Vorgänge formiert werden.
- Es kommt unter sportlichen Belastungen mit einer Ausdauerkomponente zu universellen Umstellungen im vegetativ-nervalen und hormonellen Bereich sowie im Immunsystem. Vor allem die im vegetativen Nervensystem gesetzten Akzente wirken nachweislich auf psychische Funktionen.

- Es tritt eine gesteigerte Durchblutung und damit Sauerstoffversorgung des Gehirns ein.
- Systolischer und diastolischer arterieller Blutdruck stellen sich auf belastungsadäquate Werte ein. Eine solche vorübergehende Veränderung teilt sich nachweislich anregend dem Gehirn mit. Dasselbe gilt für die belastungsbedingte Erhöhung der Körperkerntemperatur und für die Modifikation der Ansprechbarkeit (zumeist Absenkung des Schwellenwertes) von Rezeptoren.
- Bei ausdauernder Muskeltätigkeit unterliegt die Blut-Hirn-Schranke Veränderungen, wodurch Modifikationen der Durchlässigkeit vermittelt werden, die ihrerseits einen Einfluß auf psychisch relevante Vorgänge (z. B. Schmerzempfindung) nehmen.

Eine Vielzahl experimenteller Ergebnisse weist darauf hin, daß eine länger anhaltende Aktivierung größerer Muskelbezirke zahlreiche funktionelle Komponenten des Organismus erfaßt und modifiziert. Der Einfluß auf das Befinden und auf bestimmte psychische Kriterien ist unverkennbar. Alle dargestellten belastungsinduzierten Auslenkungen wirken aktuell; ein Teil dieser akuten Veränderungen löst auch Adaptationen aus, die relativ stabil sind und die direkt oder indirekt einen belegbaren Einfluß auf die psychische Situation haben. Das gilt z. B. für erwünschte Veränderungen der Sollwerte im Bereich des vegetativen Nervensystems (Vagotonus in Ruhe und Fähigkeit zu prompter anforderungsgerechter Umstellung auf einen Sympathikotonus); weiterhin ist bei Sporttreibenden die Konzentration der (euphorisierenden) Endorphine im Blut bereits unter Ruhebedingungen relativ hoch.

Die sportliche Aktivität übt einen „Weckreiz" auf kognitive Funktionen aus; sie macht munter und führt auch

zu geistiger Frische. Geistige Regsamkeit, Gedächtnis-, Konzentrations- und Aufmerksamkeitsleistungen sind bei und nach angemessener körperlicher Beanspruchung gesteigert. Schon J. W. Goethe hat den „produktivmachenden" Wert des Sportes, des Eislaufens, hervorgehoben.

Als ein Moment der direkten Nachwirkung kompatibler Anforderungen läßt sich die innere Ruhe, Ausgeglichenheit, Gelöstheit und Zufriedenheit beschreiben. Dieser Zustand wird als angenehme Entspannung, als „positives Körpergefühl" wahrgenommen. Die akute Erholungswirkung, die bei und nach dosierter Muskelaktivität empfunden und die als aktive Erholung bezeichnet wird, kann vor allem unter diesem Aspekt eingeordnet werden. Angemessenes Sporttreiben ist insbesondere auch für den alten Menschen ein Antistreßfaktor.

Freiwillige körperliche Betätigung, die Freude bereitet und von Alltagsproblemen ablenkt, führt zur Entkrampfung, Entlastung und Entspannung. Die erfrischende Wirkung der Aktivität wird wahrgenommen und erlebt.

Probleme erscheinen danach vielfach kleiner und weniger kompliziert. Selbstvertrauen und Selbstbewußtsein nehmen zu. Hier dient die körperliche Aktivität gewissermaßen als Blitzableiter; man befreit sich von Angestautem, man entschlackt nicht nur körperlich, sondern auch psychisch. Auf diese Weise ist recht wirksam eine Befreiung von Unbehagen und Unlust zu erreichen (ohne Alkohol oder Psychopharmaka!). Dem Training folgt innere Ruhe, Ausgeglichenheit und Zufriedenheit; d. h., das Training führt zu Sedierung und psychischer Abschirmung. Es kommt weiterhin zu einer erwünschten Modifikation des Schlafmusters. Der alte Mensch kann seinen spezifischen Frust durchaus wegwandern oder wegtanzen. Bewegung kann Wunder wirken gegen Hypochondrie und Ängstlichkeit.

Schon Aristoteles hielt Mühe, Anstrengung und Arbeit für Wirkursachen des Wohlbefindens. Die Einsicht, daß zum Wohlbefinden eine angemessene körperliche Ausarbeitung auch für alte Menschen gehört, ist keine Erkenntnis der Gegenwart. Die gewohnheitsmäßige sportliche Betätigung führt zu gesteigerter Leistungsfähigkeit, Belastbarkeit und verbessertem Erholungsvermögen. Ein solcher Trend gilt nicht nur für den körperlichen, sondern, sicher etwas komplizierter auszudifferenzieren, auch für den psychischen Bereich. Das alters- und voraussetzungsgerechte Training steigert die psychische Belastbarkeit, d. h., die Fähigkeit, Störungen zuverlässig zu kompensieren; es erlaubt einen „psycho-emotionalen Luxus". Das adäquate Training bewirkt nicht nur körperlich, sondern auch psychisch eine Abhärtung. Körperliche und psychische Kompetenz stellen sich gekoppelt dar; beim Alterssportler wird die labilisierende Grenze relativ spät erreicht.

Der Alterssport ist „spaßpflichtig". Die Einstellung „Spaß beiseite, jetzt beginnt der Ernst des Lebens" zu Beginn einer Trainingseinheit ist mit dem Alterssport unvereinbar. **Der Alterssport muß vergnüglich sein. Der alte Mensch will seinen Sport „genießen".** Dabei will er mit anderen und gegebenenfalls auch mit sich selbst kommunizieren. So betrachtet, hat die freudbetonte Trainingseinheit als Freizeiterlebnis einen Selbstwert.

Der Alterssport hat kosmetische Auswirkungen, die durchaus auch einen Einfluß auf die Psyche nehmen können. Hingewiesen sei in diesem Zusammenhang auf die Regulierung des Körpergewichts, geschickte Bewegungen, eine aufrechte Haltung und eine frische Hautfarbe. Diese

Effekte des Sporttreibens auf die äußere Erscheinung sollten als Beweggründe des gewohnheitsmäßigen Sporttreibens keinesfalls unterschätzt werden.

Die altersgerechte körperliche Aktivität setzt nachweislich die Wahrscheinlichkeit des Auftretens einer Reihe häufig vorkommender akuter und chronischer Erkrankungen herab (s. Kap. 13 und 21). Im Falle der Manifestation wird die Symptomatik weniger gravierend erlebt. Ein Training kann fraglos zur Senkung körperlicher Beschwerden mit ihren Rückwirkungen auf die Psyche beitragen. Die negative Korrelation zwischen trainingsabhängiger körperlicher Tüchtigkeit und Medikamentenverbrauch wurde wiederholt bestätigt. Insbesondere werden weniger Schmerz- und Schlafmittel sowie Psychopharmaka eingenommen. Eine gute (trainierbare) körperliche wie psychische Kondition ist verbunden mit einer gesteigerten Resistenz gegenüber Erkrankungen.

Es gibt das Phänomen der Ermüdung durch Nichtstun. Da alte Menschen vielfach zur körperlichen Schonung neigen und durch ihre Umwelt dazu aufgefordert werden, fühlen sie sich oftmals abgespannt. Hier mangelt es an einem adäquaten Wechsel von Belastung und Erholung, der einen vitalisierenden Effekt hat und der für die körperliche und psychische Fitneß unerläßlich ist.

Der Alterssport ist geradezu ein Paradebeispiel der **Leib-Seele-Beziehung beim Menschen**; so sollten auch bei der primär körperorientierten Anlage des Alterssports die Beziehungen zur Psyche gesehen werden. Sport kann **Stimmungsheber und Muntermacher** sein. Er wirkt als nicht verbale Psychoprophylaxe abschirmend und vitalisierend. Die sportliche Belastung kann psychische Entlastung sein. Die der körperlichen Belastung zu Grunde liegenden Mechanismen beleben ein „Belohnungssystem" das u. a. „Nervenstärke" vermittelt. Der psycho-physische Zusammenhang zeigt sich aber auch darin, daß der Alterssport nur dann effektiv ist, wenn er Vergnügen bereitet und keine lästige Strapaze darstellt. Zum Alterssport gehört gewissermaßen ein fröhliches Gesicht. Auch der alte Mensch macht schließlich gewohnheitsmäßig nur das, was Spaß bereitet und Fortschritte bringt. Aus diesem Grunde ist die Vermittlung von Erfolgserlebnissen bzw. die Mißerfolgsvermeidung von hoher Priorität. Das Training sollte stets ein „Sportfest" sein. Bei einem Aussetzen sollte der Alterssportler seinen Sport vermissen.

Der Alterssport in der Gemeinschaft hat Vorteile. Er richtet sich gegen Vereinsamung und gegen „privatistische Tendenzen". Andererseits gibt es aber auch den „einsamen Wanderer", der auf diese Weise seine Erfüllung findet.

In jüngster Zeit ist eine Ausbreitung fernöstlicher Sportformen zu verzeichnen. Dabei geht es um langsame, lokkere **gymnastische Übungen** in Verbindung mit **Atmungs- und Psychoregulation**. Ein solches Herangehen ist für den Alterssport ausgesprochen maßgerecht und auch in unserer Kultur ausbaufähig. Eine qualifizierte Anleitung ist allerdings anfangs notwendig.

Bei der positiven Auswirkung des Alterssports auf psychische Funktionen wurde von „angemessenen" Ansprüchen ausgegangen. Selbstverständlich können zu starke oder in zu kurzen zeitlichen Abständen gesetzte motorische Stimuli auch negative Reaktionen körperlicher wie psychischer Art auslösen. Der Alterssport als negativer Streß geht mit vielfältigen unerwünschten psychischen Veränderungen einher, was stets zur Abkehr von der Aktivität führt.

Für den Ausbau des Alterssports ist die weitere Bearbeitung der „Gewinnungsproblematik" von geradezu zentraler Bedeutung. Die Überzeugung muß von begründeten körperlichen, psychischen und sozialen Vorzügen und Argumenten ausgehen. Es ist jedoch eine vielfältige Erfahrung, daß die Bewegung als Auslöser für Wohlbefinden akzeptiert wird. Die rationale Argumentation, die von Gesundheit und Leistungsfähigkeit ausgeht, reicht allein selten aus, um die Treue zum Sport zu bewahren. Deshalb sind Kenntnisse über den Körper-Seele-Transfer von Bewegungseffekten unverzichtbar.

13 Positive Kreuzadaptation (Abhärtung)

Regelmäßiges Sporttreiben führt zu Adaptationen an den an der Leistung direkt beteiligten Organen und Systemen; diese bewegungsbedingten Adaptationen wurden am Beispiel des Herzens und der Lunge in den Kapiteln 7 und 8 beschrieben. Die Adaptationen dienen grundsätzlich der besseren Bewältigung der sie auslösenden Belastungen. Diese Gesetzmäßigkeit gilt voll auch für den alten Menschen, solange er belastbar ist.

Unter Kreuzadaptation wird das Phänomen verstanden, daß es unter der Einwirkung eines anpassungswirksamen Stimulus nicht allein in der reizspezifischen Richtung zu einer Adaptation kommt, sondern daß sich in anderen organismischen Bereichen, die mit dem einwirkenden Reiz nicht direkt in Verbindung zu bringen sind, Adaptationen ausbilden. Mit dem leistungssteigernden bzw. -erhaltenden Training wird ein ganzes Ensemble innerer Vorgänge adaptiv auf ein höheres Niveau gehoben. Die durch das Training erworbene gesteigerte Funktionskapazität und -zuverlässigkeit, Reaktionsbereitschaft und Belastbarkeit, innere Verarbeitungskapazität und Betriebssicherheit wird für die Bewältigung andersartiger Belastungen mitgenutzt. Motorisch induzierte Eigenschaften fangen universell Belastungen ab und verbürgen eine Schutzwirkung. Das adäquate sportliche Training verursacht im Körper gewissermaßen gemeinnützige Nebenwirkungen, die generell für die Störungsabwehr zuständig sind. Für ein sportliches Training mit einer Ausdauerkomponente ist der ganze Körper die Bühne, und hinter den Kulissen werden im Sinne der positiven Kreuzadaptation universelle Abwehrkräfte organisiert.

Die positive Kreuzadaptation wird umgangssprachlich als **Abhärtung** bezeichnet; abgehärtet bedeutet robust, unempfindlich, widerstandsfähig, „sturmfest". Der Abgehärtete kann sich auf seinen Körper verlassen. Es ist bei ihm eine wirksame Verteidigung aufgerichtet und in Bereitschaft gehalten. Bei ihm sind die defensiven Möglichkeiten gegen störende Einwirkungen generell gesteigert, er ist resistenter gegenüber vielfältigen Belastungen. Ohne Zweifel, ein solches Widerstandsprofil und derartige innere Bedingungen für ein „Krisenmanagement" sind für alte Menschen von hoher gesundheitlicher Priorität. Die Ausprägung einer zufriedenstellenden positiven Kreuzadaptation gehört zu den Hauptzielsetzungen des Alterssports.

Eine gute Kondition als Folge regelmäßiger bedarfsgerechter Aktivität ist mit den folgenden Zeichen der positiven Kreuzadaptation verbunden.

- Es existiert eine hohe Widerstandsfähigkeit gegenüber Wärme- und Kältereizen sowie Temperaturschwankungen. Obwohl die körperliche Aktivität zur inneren Wärmefreisetzung führt und die Körperkerntemperatur ansteigt, findet sich im Sinne der Adaptation nicht nur die erwartete und erklärbare Steigerung der Toleranz gegenüber Wärme, sondern auch die Verträglichkeit tiefer Temperaturen ist verbessert. Es kommt zu einer Ausweitung des Kompensationsbereiches für Temperatureinflüsse nach beiden Seiten, obwohl die Reizsetzung nur auf einer Seite (Überwärmungstoleranz und Wärmeabgabemechanismen) erfolgt. Es ist wohlbekannt, daß namentlich alte Menschen auf Temperaturschwankungen empfindlich und mit Anfälligkeit reagieren.

- Die positive Kreuzadaptation ist verbunden mit den Voraussetzungen zu einer Anregung von Heilungsvorgängen. Da eine mögliche Wundheilung bei alten Menschen nicht selten Probleme bereitet, ist ein solcher Begleiteffekt des Trainings keinesfalls nebensächlich. Ein Training aktiviert die inneren Heilkräfte.
- Es findet sich bei Trainierten eine gute Erholungsfähigkeit auch dann, wenn die vorangegangene Ermüdung anders als durch Muskelarbeit herbeigeführt wurde. Weiterhin findet sich bei Trainierenden eine abgekürzte Rekonvaleszenz nach Erkrankungen.
- Trainierende zeigen eine gesteigerte Toleranz gegenüber ionisierenden Strahlen. Dieser Befund trifft wahrscheinlich auch auf die Ultraviolettstrahlung zu. Eine solche Gegebenheit ist u. a. insofern zweckmäßig, als eine gelegentlich dosierte Exposition ein probates Mittel im Rahmen der Osteoporoseprävention abgibt.
- Bei alten Menschen mit guter Kondition findet sich eine gute organismische Verarbeitungskapazität für zahlreiche Toxine und Noxen. Eine solche Modifikation im Rahmen der positiven Kreuzadaptation ist z. B. in unserer Zeit der verstärkten Verunreinigung von Atemluft und auch Nahrungsmitteln von Wichtigkeit. Zweifellos spielt die trainingsinduzierte Adaptation der Leber als zentraler Entgiftungsstation des Körpers eine bedeutende Rolle bei der Neutralisation von Giften.
- Die positive Kreuzadaptation geht einher mit erhöhter Sauerstoffmangeltoleranz. Ein solcher Sachverhalt ist nicht unerwartet, weil bei sportlicher Betätigung die gesamte Sauerstoffkette in Anspruch genommen und zur Anpassung angeregt wird. Das ist wesentlich, da der Mensch nicht über Sauerstoffspeicher verfügt und von einer kontinuierlichen Sauerstoffzufuhr abhängig ist. Der Trainierte nutzt seine bewegungsadaptiv ver-

besserten sauerstoffaufnehmenden, -transportierenden und -verwertenden Strukturen im Sinne der Kreuzadaptation in jeder Situation der Sauerstoffknappheit (Erkrankung, Höhe, Folgen der Arteriosklerose u. ä.). Auf diese Weise kann die Anfälligkeit und der Verschleiß in Grenzen gehalten werden; auch Prozesse des vorzeitigen Alterns werden gebremst. Neben der verbesserten Sauerstoffversorgung findet sich bei guter Fitneß auch eine höhere Resistenz der Gewebe gegenüber Sauerstoffmangel (Hypoxie).

- Kreuzadaptierte Alterssportler verfügen über eine gute Dehydrationstoleranz. Zunächst verfügt der trainierte Organismus über einen höheren Flüssigkeitsanteil als der untrainierte (s. Kap. 11). Es steht somit bei Notwendigkeit (Schwitzen, Diarrhöe, Erbrechen) eine größere Wasserreserve zur Verfügung. In jedem Falle einer „Austrocknung" tolerieren die Körperzellen einen hohen Grad der Wasserverarmung, ehe es zu bleibenden Störungen kommt.
- Mit dem Begriff der Abhärtung wird spontan die herabgesetzte Anfälligkeit gegenüber banalen Infekten (Husten, Schnupfen, Heiserkeit, „Grippe") verstanden. Eine Vielzahl epidemiologischer Untersuchungen kam zu dem Ergebnis, daß regelmäßig Sporttreibende (kein Leistungssport!) seltener an Infektionen leiden und daß im Falle des Auftretens diese relativ milde und verkürzt ablaufen.

Die Begründung für die gute körpereigene Abwehr und eine reduzierte Empfänglichkeit von Alterssportlern gegenüber Infekten ist unter kreuzadaptivem Aspekt in der Optimierung mehrerer Prozesse zu sehen. Zunächst sind beim Trainierten solche Reflexe in ihren Auswirkungen herabgesetzt, die von Zugluft, kalten Füßen u. ä. ausgehend, die Abwehr schwächen. Da für die Mehrzahl der Keime die Eintrittspforte die

Schleimhaut der Atemwege ist, spielt die Ausstattung dieser Grenzfläche als Barriere eine wichtige Rolle. Die gesteigerte Lungenventilation beim Sportbetrieb führt im Sinne der **Anpassung zu einer Verbesserung der Durchblutung und Anfeuchtung der Wandauskleidung der oberen Atemwege.** Bekannt ist andererseits, daß eine Austrocknung der Schleimhäute, wie sie bei alten Menschen häufig gegeben ist, diese für Keime durchlässig macht. Die vertiefte Atmung bei körperlicher Aktivität führt auch zu dem, was als Bronchialtoilette bezeichnet wird; deponierte Partikel und Schadstoffe werden nach vermehrter Bildung von Bronchialsekret abgehustet. Jeder Sporttreibende kennt diesen Effekt; die passende Empfehlung für Alterssportler lautet: Taschentuch einstecken.

Als zweite Abwehrlinie fungieren die segmentkernigen neutrophilen Leukozyten; es handelt sich um eine Form der weißen Blutkörperchen, die als Freßzellen bezeichnet werden. Sie vermögen die Wände der Blutbahn zu passieren und als sog. Abräumzellen Keime in sich aufzunehmen und zu vernichten. Ihre Aktivität ist bei sportlich Aktiven gesteigert.

Eine noch weitergehende Funktion in der Immunabwehr haben die natürlichen Killerzellen (NKZ); diese gehören ebenfalls zu den weißen Blutkörperchen und zwar zur Zellpopulation der Lymphozyten. Bei sportlich Aktiven ist die Zahl und die Aktivität dieser Zellart gesteigert. Dieser Zelltyp trägt maßgeblich zur initialen Bewältigung und Zerstörung von viralen Eindringlingen und Tumorzellen (s. u.) bei. Sie werden in Bereitschaft gehalten, sie erkennen körperfremde Materialien und rüsten gewissermaßen ohne Verzögerung zum Angriff gegen sie; sie stellen einen Schutzschild gegenüber Viren, Bakterien und entarteten Körperzellen dar.

In jüngster Zeit wurde wiederholt nachgewiesen, daß gerade bei älteren Menschen körperliche Aktivität das Angehen von Infekten erschwert. Es ist stets davon auszugehen, daß der Mensch ständig exponiert ist und daß er sich permanent wehren muß; eine Infektion bricht aber nur aus, wenn die Abwehr überfordert wird. Grundsätzlich hat der **körperlich aktive alte Mensch ein stärkeres Immunsystem** als der inaktive. Das angemessene Training stimuliert die Immunüberwachung und steigert damit die Resistenz; der Bewegungsmangel macht nachweislich infektanfällig.

Bereits vor etwa 50 Jahren wurde im Tierversuch der Nachweis geführt, daß verstärkte Muskelaktivität das Wachstum körpereigener und auch transplantierter bösartiger Geschwülste einschränkt. Großangelegte Studien zu den Beziehungen zwischen Lebenserwartung, Todesursache und Grad der körperlichen Aktivität im Verlauf des Lebens erbrachten in Bezug auf das Auftreten maligner Tumore eindeutige Ergebnisse; **eine erhöhte bewegungsbedingte Energiebereitstellung verringert die Wahrscheinlichkeit des Auftretens einer Reihe von Krebserkrankungen.** Diese Konstellation gilt allerdings nach dem 70. Lebensjahr weniger zwingend; die Erklärung für einen solchen Befund kann plausibel aus der Tatsache abgeleitet werden, daß die körperliche Aktivität ein besonders wirksamer Schutzfaktor bezüglich der Ausprägung von Herzkreislauferkrankungen ist, so daß im fortgeschrittenen Alter bei Sporttreibenden Tumore verstärkt hervortreten können. Grundsätzlich ist jedoch altersbezogen das Vorkommen von Krebsgeschwülsten bei sportlich Aktiven herabgesetzt. Als Ursache für einen solchen Trend spielen bei Sporttreibenden Einflüsse des Lebensstils (z. B. geringer Gebrauch von Genußgiften), der Ernährung (Normalgewicht, wünschenswerte Verteilung des Körperfetts) sowie die höhere psychische Stabilität eine Rolle. Vor allem aber stimuliert die angemessene sportliche Aktivität im Sinne der positiven Kreuzadaptation die unspezifische Immunität. Die trainingsbedingte Aktivierung der natürlichen Killerzellen ist wahrscheinlich ein Hauptfaktor der vorteilhaften Abwehrlage.

- Unter den zahlreichen Alternstheorien wurde in jüngster Zeit die Freie-Radikalen-Theorie besonders ausgeformt. Dabei wird vor allem auf die freien Sauerstoffradikale Bezug genommen; diese werden im oxidativen Stoffwechsel gebildet, und sie zeichnen sich z. B. als Sauerstoffmolekül durch ein zusätzliches Elektron aus, welches dieses Molekül hochreaktiv macht. Etwa 1 - 4 % der im Stoffwechsel aktivierten Sauerstoffmoleküle treten kurzzeitig als Radikale, auch Oxidantien genannt, in Erscheinung. Sie wirken zytotoxisch und können Zellbestandteile und die Zellwand schädigen. Der Sport kann auf diese Weise zu einem oxidativen Streß werden. Gegen diese beim Sporttreiben verstärkt anfallenden Sauerstoffradikale oder Oxidantien entwickelt der Trainierende ein Auffangsystem, das die Oxidantien gewissermaßen in Schach hält, sie abpuffert und auch ihre Wirkungen schnell rückgängig macht. Der körperlich Aktive prägt adaptiv ein antioxidatives Abwehrsystem aus, er verbessert seine antioxidative Kapazität, er hält Antioxidantien in Bereitschaft, die einen Schutzeffekt ausüben.

Freie Sauerstoffradikale können unter diversen Bedingungen verstärkt auftreten und Schäden bewirken, die u. a. auch typische Alternsprozesse begünstigen. Eine erhöhte Oxidantienbildung gibt es z. B. bei der Einwirkung von Smog, Ozon, Nikotin, bei Infekten u. a. akuten Erkrankungen sowie bei Ernährungsstörungen. Unter derartigen

Gegebenheiten ist der Trainierte in der Lage, sein bewegungsinduziertes Abwehrsystem zu aktivieren und produktiv zu verwenden. Das Sporttreiben entwickelt somit ein Schutzsystem, das bei einem oxidativen Streß unterschiedlicher Ursache wirksam werden kann. Nur angemerkt sei, daß das effektive Antioxidantiensystem eine vollwertige Ernährung zur Bedingung hat; besonders die **Vitamine A, B, C und E sowie das Glutathion und Mineralien (Mg, K, Se, Zn)** spielen hier eine Rolle und sollten in der Ernährung des alten Menschen bewußt berücksichtigt werden.

Beim alten Menschen ist erfahrungsgemäß die Fähigkeit, Schaden abzuwehren, herabgesetzt. Die Stabilität hängt jedoch entscheidend davon ab, wie es gelingt, Störfaktoren, die ständig von außen wie von innen einwirken, zu kompensieren. Die regelmäßige körperliche Aktivität vergrößert durch die adaptive Verbesserung der inneren Bedingungen den Bereich, in dem gewissermaßen Ordnung gehalten werden kann. Die positive Kreuzadaptation steigert die inneren Verarbeitungsmöglichkeiten, indem die körpereigene Abwehr organisiert wird. Sie baut defensive Möglichkeiten auf, die ganze Klassen belastender Faktoren in ihren Auswirkungen einschränkt. Über das Angehen einer Störung entscheidet der Ausgang der Auseinandersetzung zwischen Angreifer und Verteidiger. Von May stammt in diesem Zusammenhang ein bezeichnendes Bild: Drei Puppen von völlig identischem Äußeren sind aus Glas, Zelluloid und Metall gefertigt. Wenn diese Puppen einen Schlag gleicher Stärke erhalten, wird die Puppe aus Glas zerbrechen, die Puppe aus Zelluloid bekommt eine Beule, und die Puppe aus Metall gibt einen wohltönenden Klang von sich. Die inneren Bedingungen entscheiden über den Effekt einer äußeren Einwirkung. Im Sinne der positiven Kreuzadaptation geht es auch beim alten Menschen darum, die inneren Bedingungen zu verstärken.

Die positive Kreuzadaptation wird ausgeprägt durch angemessene Belastungen. Diese sind abhängig von der individuellen Belastbarkeit; deshalb lassen sich dazu keine allgemeingültigen Angaben machen. Ermüdende Belastungen und chronische Ermüdungszustände bewirken das Gegenteil, eine negative Kreuzadaptation, die durch eine gesteigerte Anfälligkeit ausgezeichnet ist. Vielfach herrscht nach einer Trainingseinheit vorübergehend in der Ermüdungsphase eine erhöhte Anfälligkeit vor. Es empfiehlt sich, direkt nach einer Trainingseinheit in der ersten Erholungsphase solche Reize wie Zugluft, rasche Abkühlung, Nähe zu infizierten Menschen u. ä. zu meiden.

Die Strategie der Prävention von Erkrankungen und von vorzeitigen Alternsprozessen geht von einem zweiseitigen Ansatz aus:

- krankmachende und alternsfördernde Einflüsse möglichst zu eliminieren oder zu mildern;
- körperliche Reserven zu vergrößern und die Kompensationsfähigkeit für störende Einwirkungen zu verstärken.

Beide Formen des Vorgehens sind wichtig. Die gezielte Verbesserung der inneren Bedingungen kann jedoch für alte Menschen, die zumeist „verweichlicht" sind, sogar den Vorzug genießen. **Durch den bedarfsgerechten Alterssport werden auf breiter Front die Möglichkeiten zur Abwehr und Bewältigung schädigender Einflüsse entwikkelt.**

14 Altersbezogene Normwerte im Sport

Eine Norm ist ein Maßstab, ein Richtwert; normal ist, was einer definierten Bezugsgröße entspricht. Die Norm gestattet einen Vergleich; das Ergebnis einer Zustandsanalyse wird mit ihr in Beziehung gesetzt. Auf diese Weise erfolgt ein Soll-Ist-Vergleich. Die Norm ist somit ein Kriterium, das eine Bewertung ermöglicht. Die Medizin bindet den Begriff der Gesundheit an den Begriff der Normalität.

Die Lebensweise und das Verhalten vermögen beeindruckende Veränderungen in Bau und Funktion des Körpers zu bewirken. Die Mehrzahl der körperlichen Merkmale kann nicht als „Materialkonstante" aufgefaßt werden, sondern sie zeichnet sich durch eine Dynamik aus, und es existieren adaptive Veränderungsmöglichkeiten. An der Masse des Unterhautfettgewebes (Über-, Untergewicht) oder am Zustand der Skelettmuskulatur (Atrophie, Hypertrophie) sind diese Konstellationen bereits äußerlich deutlich erkennbar. Auch beim älteren Menschen verändern und entwickeln sich körperliche Befunde mit der Anforderung; sie unterliegen gemäß den gestellten Ansprüchen der Selbststrukturierung. Die Adaptation erfolgt nach dem Prinzip „Förderung durch Forderung".

Es gilt auch für alte Menschen, daß die Qualität eines körperlichen Merkmals nicht gleich ist in der (noch verbliebenen) adaptiven Breite. Die Problematik liegt auch bei alten Menschen darin, daß Körpernormen nicht nur

Vorschriften darstellen, die für die Unterscheidung von gesund und krank hilfreich sind; sie sind auch keinesfalls nur der Mittelwert einer Population, sondern sie können ebenso eine Empfehlung sein, hinter der ein gesundheitskonformer Anspruch steht. Für Körpernormen des Menschen gelten (mit vielfältigen persönlichen und sozialen Konsequenzen) als Zielgrößen grundsätzlich eine gute komplexe **Leistungsfähigkeit**, hohe **Gesundheitsstabilität, Belastbarkeit, Resistenz, Erholungsvermögen** und weiterführend auch **Wohlbefinden**. Das bedeutet, daß erwünschte Normorientierungen zu Verhaltensnormen führen müssen, denn die Ausprägung bestimmter Normkategorien steht in einer festen Beziehung zu Handlungen.

Auch für den alten Menschen gilt, daß ein markanter adaptiver Einfluß von der Aktivität des massigsten Organsystems, der Arbeitsmuskulatur, ausgeht. Unter diesem Aspekt ist von Bedeutung, daß für den älteren und alten Menschen auf Grund geringer motorischer Ansprüche das adaptiv Unterentwickelte, die Inaktivitätsatrophie, vielfach als Norm gesetzt wird, weil es bei der Mehrheit gegeben ist; das besonders oft Vorkommende wird damit zum Bezugssystem. Normen sind aber auch im Alter weder etwas Statisches noch Neutrales, sondern sie geben eine Wertung vor, und sie müssen eine Einordnung in günstig oder weniger günstig zu klassifizierende Kategorien gestatten.

Angesichts der Adaptationspotenzen, die z. B. in den Kapiteln 7 und 8 dargestellt wurden, bieten sich vier Normebenen an, die jeweils die adaptive Organisation des Körpers oder eines Teilsystems auf einem bestimmten Niveau kennzeichnen. Eine solche Klassifizierung, die ursprünglich für junge Menschen erarbeitet wurde, ist prinzipiell auch auf alte Menschen anwendbar.

1. Die Minimalnorm

Diese Norm dient der Abgrenzung physiologischer Befunde von pathologischen Zuständen. Sie markiert für den Kliniker die Grenze zwischen gesund und krank. Diese Norm ist wichtig für die ärztliche Entscheidung. Sie geht davon aus, daß Gesundheit maßgeblich auch Freiheit von Krankheit bedeutet.

2. Die Majoritätsnorm

Diese Norm kennzeichnet den statistischen Regelfall einer Population. Sie ist das Produkt der „normalen" Anforderung. Die Majoritätsnorm ergibt sich aus einer quantitativen Analyse (Häufigkeitsverteilung).

3. Die Idealnorm

Diese Norm ist charakterisiert durch vielseitige Leistungsfähigkeit, stabile Gesundheit, gute Erholungsfähigkeit, Widerstandsfähigkeit und Belastbarkeit („kerngesund"). Ihr liegen wünschenswerte Daten zugrunde. Bei ihrem Vorhandensein ist das Wechselspiel Organismus-Individuum-Umwelt optimiert.

4. Die Spezialnorm

Diese Norm ist die Voraussetzung für spezielle (körperliche) Tätigkeiten und Leistungen. Sie ist bei einer sozial definierten Population gegeben. Bei ihr ist in bestimmten organismischen Bereichen ein hoher Grad der Adaptation in Anspruch genommen („einsame Spitze"). Die Spezialnorm ist eine Leistungsnorm für gesellschaftlich determinierte Tätigkeiten (z. B. Sport). Es tritt ein zumeist einseitiger Leistungszuwachs ein. Die Spezialnorm geht von Tauglichkeitsmaßstäben aus.

Angesichts der adaptiv bedingten Variabilität organismischer Befunde ist die Frage nach dem Normalfall maßgeblich ein Problem der Bemessungsgrundlage, die eindeutige Abhängigkeiten vom Lebensalter aufweist. Für Menschen im fortgeschrittenen Alter offenbart sich nachdrücklich die Problematik der Differenzierung von Körpernormen; gerade für diese Lebensperiode erscheinen herkömmliche Vorstellungen über das Normale oftmals wenig sachgerecht. Normwerte in Lehrbüchern und Tabellen müssen nicht in jedem Fall gelten!

Die Praxis zeigt, daß mit ansteigendem Lebensalter eine zunehmende Konzentration von Befunden im Minimalbereich stattfindet (Abb. 7);

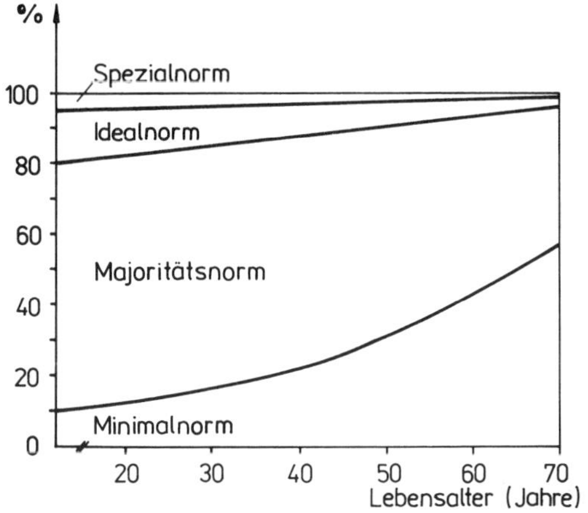

Abb. 7 Mit ansteigendem Lebensalter nimmt die Anzahl minimalnormaler Befunde zu

das bedeutet, daß ein älterer Mensch durch motorische Anforderungen in bestimmten Körperregionen frühzeitig in Grenzbereiche gerät, weil die Belastbarkeit herabgesetzt ist.

Kompliziert wird das Problem dadurch, daß eine Körpernorm stets einen physiologischen Zustand kennzeichnet; eine pathologische Veränderung sollte auch dann nicht zur Norm (Minimal-, Majoritätsnorm) deklariert werden, wenn sie bei der Mehrheit der Menschen gegeben ist (Verschleißerscheinungen im Gelenkbereich, Zahnverfall, Fußdeformierungen); die Minimalnorm bleibt in jedem Lebensalter die Grenze zwischen physiologisch und unphysiologisch bzw. pathologisch. Allerdings kann die Bewertung eines bestimmten Befundes in Abhängigkeit vom Lebensalter unterschiedlich sein, weil die Einstellung zur Altersbezogenheit von Befunden Anlaß zu Unterschieden im (therapeutischen) Herangehen sein kann. So sind Arthrosen oder Durchblutungsstörungen bei jungen Menschen anders zu beurteilen als bei älteren Personen. Die Stichhaltigkeit einer solchen Position ist auch insofern gegeben, als die Belastbarkeit und die Adaptation an sportliche Anforderungen verläßliche Beurteilungskriterien benötigt. Die Erkennung und sachgerechte Einordnung minimalnormaler Befunde ist für ältere Menschen wesentlich, da durch gezielte adaptogene Bewegungsreize eine adaptive Aufbesserung und Stabilisierung möglich ist (z. B. die arthromuskuläre Sicherung durch gezielte Kraftübungen). Es liegt aber auch in der Natur der Sache, daß die Überwindung einer Minimalnorm durch die Anwendung von Bewegungsstimuli bei jungen Menschen einfacher und unkomplizierter gelingt, als das beim älteren Menschen der Fall ist.

Die Majoritätsnorm verstellt leicht den Blick für biotische und selbst gesundheitspolitische Realitäten und Notwendigkeiten. Sie repräsentiert auch im Alternsbezug nicht unbedingt die besten „Gebrauchseigenschaften".

Die Majoritätsnorm hat eine wesentliche soziale Bedeutung, denn es muß allenthalben mit ihr gerechnet werden. Die Majoritätsnorm drückt Häufigkeiten aus. Aber die Mehrheit muß nicht Recht haben. Hier gibt es Normwerte ohne eine vorangegangene wahrhafte (organismische) Normalitätsprüfung; diese Norm kann mit den Vorstellungen von optimierter Körperlichkeit in jedem Lebensalter in Konflikt geraten.

Bei der Majoritätsnorm, die über „neutrale" mathematisch-statistische Operationen ermittelt wird, zeichnen sich markante Alternsbezüge ab. Diese Norm charakterisiert schon für junge Menschen bei einer Vielzahl von Kenngrößen ungenügende Standards, die dann mit ansteigendem Lebensalter eine weitere rückläufige Tendenz aufweisen. Die Tabelle 3 ist exemplarisch für die reale Situation.

Tab 3 Ergebnisse aus 390 Messungen des arteriellen Sauerstoffdrucks (paO_2) bei Versuchspersonen aus verschiedenen Altersgruppen (nach Landgraf, Ehrly 1980)

Lebensalter (Jahre)	paO_2 (Torr)
18-30	93,7 ± 6,6
31-40	84,5 ± 8,7
41-50	80,1 ± 7,6
51-60	79,9 ± 5,6
über 60	70,0 ± –

Die gesetzmäßigen Alternsvorgänge und die reduzierten motorischen Ansprüche, die die Gesellschaft an den älteren Menschen stellt und die er selbst an sich richtet, bedingen einen relativen Steilabfall von Merkmalen der Körperbeschaffenheit und von komplexen körperlichen Leistungen.

Mit ansteigendem Lebensalter greift der Geltungsbereich der Majoritätsnorm zunehmend auf die Minimalnorm über (s. Abb. 7). An diesem Überhang zeigt sich, daß der Begriff der Majoritätsnorm in seiner Abgrenzbarkeit zur Minimalnorm ursprünglich für jungen Menschen geschaffen wurde. Rechtfertigt die Verwischung der Konturen der Majoritätsnorm mit denen der Minimalnorm überhaupt noch den Majoritätsbegriff im Zusammenhang mit der Norm? Die Kenntnis dieser alternsbedingten Sonderstellung der Majoritätsnorm ist für Grundpositionen und für das praktische Handeln von vorrangiger Bedeutung.

Die Majoritätsnorm ist keine Norm, die eine Qualität ausdrückt; sie kennzeichnet das Mittelmaß. Die gegenwärtigen Lebensbedingungen werden insgesamt selbstverständlich befürwortet, da sie das Leben für die Mehrheit der Bevölkerung zunehmend leichter und bequemer machen. Eine solche Entwicklung ist jedoch nicht ohne Widersprüche und Konflikte; u. a. kommt es zum Phänomen des Bewegungsmangels mit einem nachfolgenden Defizit an bewegungsbedingter Adaptation. Diese Situation, die die Belastbarkeit herabsetzt, drückt sich auch in den körperlichen Majoritätsnormen aus. Das bedeutet, daß der körperliche Zustand insbesondere der älteren Bevölkerung nicht so stabil ist wie er sein könnte. **Gezielte körperliche Aktivitäten vermögen die Situation objektivierbar aufzubessern.**

Die Idealnorm ist gekennzeichnet durch eine hohe organismische Effektivität, sie ist charakterisiert durch ein strukturelles und funktionelles Optimum; hier existiert im Körper die bestmögliche Ordnung und Organisation. Die Idealnorm drückt sich in wünschenswerten Daten aus. Die Idealnorm geht aus von den Kategorien Funktionstüchtigkeit (Leistungsfähigkeit) und Gesundheitsstabilität sowie im weiteren Sinne auch von den Kategorien Belastbarkeit, Regenerationsfähigkeit und Wohlbefinden.

Die Hervorhebung einer Idealnorm kann bei älteren Menschen bei einseitiger und verabsolutierender Betrachtung leicht ein zu positives Bild entstehen lassen. Der Mensch unterliegt bezüglich körperlicher Alternsprozesse Naturgesetzen, durch die ein „Abbau" programmiert ist. Hat z. B. ein 60jähriger einen Wert für die maximale Sauerstoffaufnahme von 50 ml · min^{-1} · kg^{-1}, einen Wert also, der bereits für einen 20jährigen eine Idealnorm darstellt, so ist die Gesamtsituation dennoch nicht mit der des 20jährigen identisch, obwohl es sich bei der maximalen Sauerstoffaufnahme um eine für die Gesundheitsstabilität stichhaltige Größe handelt. Der 60jährige wird aber dennoch aus seiner guten organismischen Situation erhebliche Vorteile ziehen. Für einen älteren Menschen sind idealnormale Befunde (z. B. ideale Körpermasse) alles andere als ein Freibrief für eine Ignorierung alternsbedingter körperlicher Barrieren.

Die Idealnorm kennzeichnet einen (zumeist regionalen) organismischen Zustand, der u. a. gegen vorzeitige Alternsvorgänge gerichtet ist. Das setzt jedoch die Frühzeitigkeit ihres Bestehens im Leben voraus. Idealnormen, die rechtzeitig erreicht wurden, sind eine Basis für ein aktives Leben bis ins hohe Alter. Idealnormen in allen Altersklassen sind nicht zuletzt wichtig angesichts der steigenden Lebenserwartung der Menschen. Die Vorbereitung auf spätere Lebensabschnitte sollte frühzeitig erfolgen. Die Erfüllung der Idealnorm verkörpert in allen Lebensperioden eine „Alternsbremse". Ihr Vorhandensein ist eine bedeutende organismische Komponente für ein relativ spätes Manifestwerden eines kritischen Abnutzungsgrades von Körpergeweben.

Es zeichnet sich zunehmende Klarheit darüber ab, welche Maßnahmen notwendig sind, um Idealnormen herbeizuführen. Bei den motorisch bedingten idealnormalen Befunden sind relativ gut definierbare und dosierbare körperliche Anforderungen zu ihrer Induktion und ihrer Aufrechterhaltung erforderlich. Das wirft die Frage auf, ob vergleichbare Ansprüche sowohl an einen 30jährigen als auch einen 60- bis 70jährigen gerichtet werden können. Diese Frage muß verneint werden; bejaht wird sie lediglich für eine relativ kleine, nach körperlichen Kriterien selektierte Minderheit. Das bedeutet, daß vorerst bei motorisch induzierten Idealnormen mit zunehmendem Lebensalter gewisse Konzessionen gemacht werden sollten. Derartige Zugeständnisse an den Standard der Idealnorm sind für verschiedene normbildende Stimuli unterschiedlich zu sehen. So ist z. B. die optimale Körpermasse (das Idealgewicht) vom Lebensalter weitgehend unabhängig zu betrachten; für die maximale Sauerstoffaufnahme dagegen ist ein Wert, der für einen 20jährigen als gerade noch ausreichend gelten muß, für einen 50jährigen bereits als befriedigend und für einen 70jährigen als gut (Idealnorm) zu beurteilen.

Die Preisgabe der Idealnorm des sogenannten Höchstleistungsalters zugunsten eines etwas tieferen Niveaus ist vorrangig mit naturgesetzlichen Alternsvorgängen und mit der mehrheitlich gegebenen Polypathie sowie der Multimorbidität des alten Menschen zu begründen und zu rechtfertigen. Diese Position darf jedoch keinesfalls den Blick dafür trüben, daß das

Streben nach der Erfüllung adäquater Idealnormen für die Qualität des Lebens der Menschen nach dem Höchstleistungsalter von großer Bedeutung ist.

Es liegt in der Natur der Sache, daß Befunde der Spezialnormen vor allem im sog. Höchstleistungsalter angetroffen werden. Nur ein sehr kleiner Teil der Weltbevölkerung in Gestalt des mit Spezialnormen ausgestatteten Personenkreises imponiert mitunter mit spektakulären Leistungen; die Spezialnorm drückt für derartige Leistungen die biotische Basis aus. Körperliche Höchstleistungen sind an ein bestimmtes Lebensalter, das „Höchstleistungsalter", gebunden.

Um der sozialen, aber auch der biotischen und medizinischen Situation gerecht zu werden, muß auch bei der Spezialnorm ein Alternsbezug anerkannt werden. Ein 70jähriger Hochseilartist, ein 75jähriger Kraftakrobat oder ein 80jähriger Marathonläufer benötigt zweifellos alternsbezogene organismische Spezialnormen. Überragende körperliche Leistungen älterer Menschen zeigen im Einzelfall, daß auch bei ihnen die Ausprägung eines spezialnormalen Befundes möglich ist. Körperbefunde, wie sie sich bei einem 80jährigen Marathonläufer finden, sollten unabhängig von der erreichten Laufzeit als Spezialnormen eingruppiert werden; ein 80jähriger, der in der Lage ist, 42,2 km ohne Unterbrechung zu laufen, erfüllt spezielle Normen! Spezialnormen sind somit auch bei älteren Menschen möglich.

Nicht unerwähnt bleiben sollen in diesem Zusammenhang Instrumentalmusiker. Arthur Rubinstein, Wladimir Horowetz oder Pablo Casals gaben als 80jährige noch faszinierende Konzerte. Die Tätigkeit als Pianist oder Cellist verlangt neben einer spezifischen Kondition eine hervorragende Feinkoordination, die selbstverständlich nur auf der Basis einer speziellen organismischen Adaptation existiert.

Neben dem Sport, der Artistik und der Instrumentalmusik, die als Modell für Spezialnormen auch im höheren Lebensalter herangezogen werden können, gibt es namentlich auch in der traditionellen Landwirtschaft einen weiteren Bereich, in dem ältere Menschen mitunter bemerkenswerte tätigkeitsadäquate Normen erfüllen. Hierbei handelt es sich um alternsbezogene Spezialnormen, auch wenn höchste Grade organismischer Adaptationen nicht mehr beobachtet werden. Die Erfahrung zeigt, daß Spezialnormen fast ausschließlich bei solchen alten Menschen gelten, die seit Jahrzehnten (vielfach sogar seit den frühen Perioden ihrer Individualentwicklung) in einer bestimmten körperlich anspruchsvollen Tätigkeit aktiv sind. Im Regelfall wird nur auf dieser Grundlage eine Spezialnorm im Alter erreichbar sein. Auch sichert ein frühes motorisches Lernen in späteren Lebensabschnitten noch einen Erfolg, was für die Motivation zur Aufrechterhaltung der Spezialnorm wichtig ist. Eine körperliche Spezialnorm benötigt zu ihrer Bewahrung vor allem beim älteren Menschen ständige Anforderungen; diese Stimuli in Form adäquater Bewegungsabläufe sind vielfach nicht ohne Anstrengung zu setzen.

Eine körperliche Spezialnorm hat zu ihrem Erwerb und zu ihrer Unterhaltung die Gesundheit zur Voraussetzung. Manifeste chronische Erkrankungen bei der Mehrzahl alter Menschen schließen die Erfüllung von Spezialnormen weitgehend aus. Die notwendigen Belastungen sind in diesem Fall beschwerlich oder schmerzhaft; sie können, da sie auf ein empfindliches vorgeschädigtes Gewebe treffen, auch weitere Schäden setzen. Diese Situation läßt die Motivation zu hohen körperlichen Leistungen im höheren Lebensalter schwinden. Mitunter wirkt sich auch ein Rückgang der Leistungsfähigkeit der Sinnesorgane (Auge, Gehör) negativ auf die Ausübung von Tätigkeiten aus, die zur Spezialnorm führen. Nicht zuletzt kann eine nachlassende Reaktionsfähigkeit in der Tätigkeit eine Gefahr für den Ausübenden und für andere bedeuten.

Spezialnormen finden sich, wie bereits dargelegt, im höheren Alter fast ausschließlich dort, wo lebenslange Anforderungen, also auch Gewohnheiten, eine Rolle spielen. Es entspricht dem humanistischen Anliegen einer Gesellschaft, älteren Menschen keine Tätigkeiten abzuverlangen, die organismische Spezialnormen, auch wenn diese nicht extrem sind, zur Voraussetzung haben. Gegen eine freiwillige Übernahme derartiger Belastungen gäbe es allerdings keine ethischen oder moralischen Bedenken.

Die heute vertretene Position zur Körperlichkeit älterer und alter Menschen ist herkömmlich durch die Majoritätsnorm geprägt. Bei einer solchen Auslegung der Richtwerte für die körperliche Organisation handelt es sich jedoch nicht um einen Qualitätsmaßstab. Die Majoritätsnorm charakterisiert den Istzustand und führt erst (wenn überhaupt) bei retrograder Betrachtung zu einer Wertung. Die Majoritätsnorm spiegelt zwar die objektiven Gegebenheiten wider, sie stellt aber als Ausdruck der Lebensweise der Mehrheit der Bevölkerung in unserer Zeit nicht das Optimum dar, und sie ist auch nicht schicksalhaft etwa im Sinne einer genetischen Determination fixiert. Sie ist unter den heutigen (insgesamt progressiven) Lebensbedingungen gewissermaßen zu tief angesetzt, und der Widerspruch besteht in dem Kontrast zwischen dem, was ist, und dem, was sein könnte und individuell wie sozial auch sein sollte. Eine Korrektur des offensichtlich nicht situationsgerechten Zustandes ist im Interesse des einzelnen und der Gesellschaft nötig und häufig auch möglich. Eine verläßliche und taugliche Klassifizierung der Körpernormen auf der Grundlage der Beschaffenheit motorisch induzierter adaptiver Prozesse kann Handlungen im Sinne einer normoptimierenden Verhaltensweise besonders auch für ältere Menschen wissenschaftlich begründet bewirken.

Die Frage nach der Erklärung, warum die normierende körperliche Aktivität die Gesundheitsstabilität fördert, impliziert auch einen historischen Aspekt. Der Mensch hat sich nicht als sitzendes Lebewesen entwickelt. Charles Darwin hat in seiner Abstammungslehre dargelegt, daß die Natur des Menschen als Ergebnis eines geschichtlichen Vorganges zu begreifen ist. Unser Organismus ist historisch nicht abstrakt; er ist das Resultat einer Entwicklung. Der Mensch nimmt unter den Lebewesen, rein biologisch betrachtet, keine Sonderstellung ein. Er stammt von tierischen Vorfahren ab. Seine Konstruktion ist entwicklungsgeschichtlich erworben, und seine natürlichen Fähigkeiten sind natürlicher Herkunft. Bei ihrer Verinnerlichung in das Erbgut ging es stets um Lebensvorteile in einem konkreten Lebensraum. Der Bauplan des Menschen geht auf eine nach Jahrmillionen zählende Geschichte zurück.

Der Urmensch war zur Bewegung gezwungen. Er benötigte Kondition für den Nahrungserwerb; er mußte für den Lebensunterhalt hart arbeiten, und bei Bedrohung mußte er kämpfen oder fliehen. Sein Lebensstil brauchte Fitneß, und „er aß sein Brot im Schweiße seines Angesichts". Er hat sich auf dieser Basis über extrem lange Zeiträume an ein hohes Niveau körperlicher Ansprüche genetisch adaptiert. Zu dieser Adaptation gehören 639 Muskeln und ein etwa 40%iger Bestand an Arbeitsmuskulatur. Der Körperbau des Jetztmenschen hat sich seit über 30 Tausend Jahren, d. h. seit über 1000 Generationen nicht verändert. Der Mensch unserer Tage ist ausgestattet wie ein nomadisierender Sammler, Jäger und Fischer, er ist steinzeitlicher Herkunft. Er hat die gleichen körperlichen Voraussetzungen wie seine steinzeitlichen Vorfahren, von denen er direkt abstammt. Die körperliche Grundkonstruktion ist als Genotyp fest im Erbgut verankert. Die bedeutende Muskelmasse ist eine Mitgift, eine „Erblast" von den Vorfahren und diese ist funktionspflichtig; sie muß in jedem Alter im Interesse der normativen inneren Ordnung gebraucht werden. So wollen es die Naturgesetze!

15 Belastungsprinzipien

15.1 Ausgangsposition

Es gibt kein Lebensalter, das von sich aus eine sportliche Betätigung im weitesten Sinne ausschließen würde. Jeder Lebensabschnitt bedarf dem jeweiligen Alter und der Leistungsfähigkeit angepaßter Bewegungsreize. Es konnte inzwischen vielfach objektiviert werden (was Beobachtung und Erfahrung bereits gelehrt hatten), daß Untätigkeit im Alter besonders nachteilig ist. **Alter ist keine Entschuldigung für Inaktivität.** Zunächst ist festzustellen, daß es, abgesehen von akuten Erkrankungen, kaum eine Kontraindikation gegen das Sporttreiben gibt; es existieren lediglich Kontraindikationen bezüglich bestimmter Trainingsmittel und Belastungsdosierungen. In der Praxis stellt sich das Spektrum alterssportlicher Betätigung z. B. von der Atemgymnastik über das Wandern bis zum Marathonlauf dar. Hier zeigt sich bereits anschaulich, daß eine alterssportliche Betätigung von der Schwelle bis an die Grenze ihrer Wirksamkeit reichen kann, daß die Zielbestimmung vielfach zu differenzieren ist und daß nicht jede Form des Sporttreibens für jeden angemessen oder geeignet sein kann.

Das Sporttreiben ist bekanntlich etwas sehr Praktisches; so ist es nicht verwunderlich, daß methodische Anleitungen und vor allem möglichst verbindliche Angaben zur Belastungsgestaltung gefordert werden.

Für die Beantwortung der Dosierungsfrage ist es ein wesentlicher Unterschied, ob ein älterer Mensch trainingserfahren oder -unerfahren ist. Eine bedeutende Rolle für die Wahl der Belastungshöhe sowie der Trainingsmittel spielen neben dem Lebensalter die vorliegende Leistungsfähigkeit, der Gesundheitsstatus (chronische Erkrankungen), mögliche Einschränkungen der Beweglichkeit, das Körpergewicht, der Körperbau u. a.

Reizschwelle und Belastungsverträglichkeit sind von den gegebenen Leistungsvoraussetzungen abhängig; die Adaptation an eine regelmäßige körperliche Aktivität führt zu einem Leistungsgewinn, und auf dieser Grundlage erfordert das Sporttreiben eine von der Leistungsfähigkeit und Belastbarkeit abhängige Gestaltung. Die Belastung ist für den Organismus keine absolute Größe; ihre innere Verarbeitung steht in einer festen Beziehung zum Adaptationszustand. Die Anforderungen müssen somit zu den Leistungsvoraussetzungen passen.

Die genannten Bedingungen sind ein Grund dafür, daß bezüglich der körperlich-sportlichen Belastbarkeit älterer Menschen noch zahlreiche Unklarheiten und Unsicherheiten herrschen. Mit zunehmendem Lebensalter steigt die Heterogenität der Bevölkerung, und das Leistungsgefälle zwischen den Menschen vergrößert sich. Es muß mit einer erheblichen Variabilität der Leistungsfähigkeit und Gesundheitsstabilität gerechnet werden, woraus sich ein breites Spektrum der Eignung für bestimmte Übungen, Sportformen und Belastungsansprüche ergibt.

Ein entscheidender Ausgangspunkt des Sporttreibens älterer Menschen ist das ärztliche Prinzip des primum nil nocere (zuallererst nicht schaden!). Es geht namentlich bei **älteren Menschen um ein risikoarmes Sporttreiben bei hohem Effekt.**

Angesichts der vielfältig möglichen interindividuellen Konstellationen der Belastbarkeit kann es keine allgemeingültigen Standards für die Belastungsdosierung im Alterssport geben. Leistungssportmodelle sind in diesem Zusammenhang völlig untauglich. Es wäre unbillig, von der Sportmedizin eine genormte Lösung oder eine einfache Formel zu erwarten. Die individuellen Leistungsvoraussetzungen (einschließlich der existierenden Barrieren) bestimmen das Maß. Diese Position gilt vor allem für die Anfangsdosis sowie für die Belastungsschwerpunkte.

Die reale Belastungshöhe resultiert aus der Motivation und der Zielstellung, die einen älteren Menschen zum Sporttreiben veranlassen. Hier spielt das Streben nach sinnvoller Betätigung, Kommunikation, Freude an der Bewegung und Wohlbefinden ebenso wie nach Gesundheit und Abhärtung eine Rolle; auch die Steigerung oder Erhaltung der Leistungsfähigkeit sind durchaus ein Antrieb für gewohnheitsmäßiges Sporttreiben. Ein 60jähriger, der die Teilnahme am Marathonlauf anvisiert, folgt einem völlig anderen Belastungsregime als ein Gleichaltriger, der regelmäßig Gymnastik betreibt. Die Vielfalt, die sich nicht nur hinter den individuellen Voraussetzungen, sondern auch hinter der Zielsetzung des Sporttreibens verbirgt, macht das Trachten nach einer allgemeingültigen Belastungsformel aussichtslos. Dennoch ist die Medizin und die Sportwissenschaft nicht von der Aufgabe entbunden, sich um begründete Standpunkte und orientierende Richtlinien zur Belastungsgestaltung im Alterssport zu bemühen.

15.2 Sportliche Vorgeschichte

Unter dem Aspekt der Betreuung und Beratung sind grundsätzlich 5 Kategorien älterer Sporttreibender zu unterscheiden.

1. Sportler, die **lebenslang** Sport getrieben haben und die in ihrer Spezialsportart **noch Wettkämpfe** bestreiten. Dieser Sportlerkreis läßt sich im Regelfall von seinem Tun argumentativ kaum zurückhalten, selbst wenn generelle, individuell bedingte und sportartbezogene Einwände gegen ihr Herangehen vorgebracht werden. Beispiele sind aus dem Tennis, dem Fußball, verschiedenen leichtathletischen Disziplinen und selbst der Skiabfahrt wohlbekannt. Es ist zu bedenken, daß diese älteren Sporttreibenden sich nicht selten überschätzen und daß sie übermotiviert ihrem Sport bis hin zum Wettkampf nachgehen. Sie wollen einen in jungen Jahren verinnerlichten Bewegungsstereotyp und ein gewohntes Belastungsregime beibehalten, und sie verdrängen bewußt oder unbewußt die Realität, nach der sich das organismische Potential alternsbedingt zwangsläufig verringert (Sie wissen noch wie man es macht, aber sie können es nicht mehr richtig!). In diesen Fällen muß aufklärend zur Zurückhaltung gemahnt werden.
2. Sportler, die stets **lebensbegleitend** Sport getrieben haben (mit oder ohne Wettkampfbeteiligung im „besten Alter"), die aber auf eine Wettkampfteilnahme verzichten. Sie realisieren für sich mit dem regelmäßigen Sporttreiben ihr persönliches Spaß- und Gesundheitsanliegen. Diese Gruppe ist für das praktische Herangehen weitgehend unproblematisch.

3. **Wiedereinsteiger**, die z. B. als frühere Leistungssportler nach jahrelanger Sportabstinenz in ihrer Sportart wieder in Training und Wettkampf aktiv werden. Sie verfügen über eine lebhafte Erinnerung an gut beherrschte sportliche Techniken und an risikofrei tolerierte hohe Belastungen. In ihrem Vorgehen bleibt dann unberücksichtigt, daß das konditionelle und sporttechnische Niveau alterns- und entlastungsbedingt abgesunken ist. Aus der Diskrepanz zwischen gewählter Belastung und aktueller Belastbarkeit ergeben sich durchaus vorhersehbare Risiken.
4. **Anfänger (Spätbeginner)**, die sich bewußt sind, daß sie sich im Sport nicht auskennen und die deshalb eher vorsichtig sind. Sie müssen zunächst sachgerecht angeleitet werden, um die notwendigen sporttechnischen und Belastungsvoraussetzungen risikoarm zu erwerben.
5. **Gelegenheitssportler**, bei denen die Gefährdung erheblich sein kann, wenn sie Bewegungsabläufe in die Tat umsetzen wollen, die sie zwar kennen aber nicht beherrschen und wenn sie sich Leistungen abverlangen, für die ihre organismischen Voraussetzungen nicht gegeben sind.

Die Aufstellung macht geltend, daß es im Alterssport ein beträchtliches Leistungs- und Belastbarkeitsgefälle gibt. Weiterhin sind die Ziele des Sporttreibens unterschiedlich, und diese wiederum bestimmen die Aufgaben und Inhalte, von denen die Methoden des Vorgehens hergeleitet werden.

15.3 Belastungsumfang

Zum Belastungsumfang sind im Kapitel 2 nähere Ausführungen gemacht; die Ausdauer reflektiert maßgeblich den Belastungsumfang. Höhere Umfänge, die mit niedriger Belastungsintensität (s. u.) verbunden sind, werden von älteren Menschen gut toleriert. Vor allem der Umfang der Muskelaktivität entscheidet darüber, ob die Folgen des Bewegungsmangels im Alter gemildert bzw. ausgeschaltet werden. Im Alterssport gilt deshalb als Prinzip, daß größere Umfänge bei relativ niedriger Intensität oder auch unterbrochen durch kurze „Auszeiten" nicht nur risikoarm sondern auch physiologisch besonders effektiv sind.

Konkrete Überlegungen zum gesundheitsdienlichen Belastungsumfang setzten vor etwa 3 Jahrzehnten ein. Eine erste Aufforderung lief darauf hinaus, täglich 10000 Schritte zu gehen oder eine Stunde Sitzen durch eine Minute Gymnastik und 5 Minuten Wandern auszugleichen. Diese Regeln können auch für alte Menschen gelten; selbst 10000 Schritte (etwa 6 km) sind für Ältere noch möglich.

Ein gemeinsamer Nenner für den Trainingsumfang ist die Energiemehrausgabe, die durch die Muskelaktivität bewirkt wird. Weltweite Untersuchungen sind übereinstimmend zu dem Schluß gelangt, daß eine durch Muskelaktivität ausgelöste Energiebereitstellung von wöchentlich 2000 kcal die negativen Folgen des Bewegungsmangels in Bezug auf Erkrankungsanfälligkeit und Lebenserwartung und damit auch auf Altersvorgänge aufhebt (s. Kap. 2). Es zeigte sich bei Menschen im mittleren Lebensalter, daß bereits ein bewegungsinduzierter Energieumsatz von 1000 kcal pro Woche signifikante objektivierbare positive Auswirkungen zeitigte. 1000 kcal gewandelter Energie bedeuten z. B. etwa 15 km Gehen; das ist, über eine Woche verteilt, mühelos erreichbar. Es ist aber auch erwiesen, daß das

Argument „ich bin den ganzen Tag auf den Beinen" im Regelfall nicht akzeptabel ist; hier wird der Bewegungsumfang zumeist erheblich überschätzt.

Die dargestellte Umfangsempfehlung richtet sich auf den gesamten Lebensstil. Das Umfangsproblem stellt sich aber im Alterssport nachhaltig in der einzelnen Trainingseinheit. Hier gilt es auf der Basis der individuellen Leistungs- und Belastungsvoraussetzungen, den Umfang so zu wählen, daß eine moderate („wohlige") Ermüdung gegeben ist. In der Praxis ist es so, daß vor allem Belastungen mit relativ hoher Intensität schnell in einen akuten Ermüdungszustand führen. Da im Alterssport grundsätzlich der Umfang den Vorrang vor der Intensität genießen muß, gilt es, die intensiven Anforderungen auf ein zu rechtfertigendes Maß zu reduzieren (s. bei Kraft und Schnelligkeit); anderenfalls wird der erforderliche Umfang nicht geschafft, und es können auch Mißerfolgserlebnisse resultieren. Es gilt, das an anderer Stelle begründete Prinzip „Lang-und-langsam" zu bedenken und zu realisieren.

15.4 Belastungsintensität

Hinsichtlich der zu realisierenden Intensität (s. Kap. 4) wird u. a. gefordert, daß eine gute innere Erwärmung auftreten muß oder daß die Atmung zwar deutlich beschleunigt, aber eine Unterhaltung noch möglich sein soll.

Es ist das Verdienst von Baum mit seiner frappierend einfachen Formel:

170 minus Lebensalter (Jahre)

eine Trainings-Herzschlagfrequenz pro Minute benannt zu haben, die auch die reduzierte Belastbarkeit mit ansteigendem Lebensalter berücksichtigt. Diese Angaben beziehen sich sachgerecht vorrangig auf das Ausdauertraining bzw. auf die Ausdauerkomponente eines Trainings. Bei Kraft-, Gewandtheits- oder Beweglichkeitsübungen gelten andere Intensitätskriterien als beim Ausdauertraining; hier sollten vor allem die Anstrengungsempfindungen bei der Übungsausführung die aktuelle Grenze markieren.

Aber auch beim Ausdauertraining hat der dargestellte formelhafte Ausdruck der zu realisierenden Belastungsintensität seine Grenzen. So erreicht z. B. die Herzschlagfrequenz beim Wandern im Regelfall nicht den Orientierungswert; dennoch besteht kein Zweifel daran, daß zeitlich ausgedehnte Wanderungen (auch ohne Erfüllung der Intensitätskriterien) objektivierbare Effekte auszulösen vermögen. Mit ansteigendem Lebensalter tritt die Bewegungsintensität in ihrer Bedeutung zurück; lediglich für sportgewohnte ältere Menschen sollte dieser Faktor zur Beurteilung der Belastung überhaupt noch eine Rolle spielen. Hohe Belastungsintensitäten können für ältere Menschen riskant sein.

15.5 Praktisches Vorgehen

Eine Grundbedingung für die Effektivität körperlicher Aktivitäten ist die Stetigkeit ihrer Ausführung. Es ist bekanntlich nicht möglich, auf Vorrat Sport zu treiben. Zweifellos wird bei der sportlichen Betätigung keine so strenge Befolgung verlangt wie bei der Einnahme von Medikamenten; dennoch ist für einen Dauererfolg die Regelmäßigkeit und die Konsequenz im Sinne des lebensbegleitenden Sporttreibens ausschlaggebend. Selbstverständlich gibt es auch für unsportliche ältere

Menschen keine Einwände gegen ein gelegentliches Sporttreiben, solange dieses sich nicht als Härtetest oder Kraftakt manifestiert. Es besteht jedoch die **prinzipielle Forderung nach der gewohnheitsmäßigen körperlichen Aktivität als einem festen Bestandteil der Lebensweise.**

Noch keineswegs endgültig beantwortet ist die Frage, ob relativ wenige und zeitlich lange oder zahlreiche und zeitlich kurze Belastungseinheiten angebracht sind. Das vielfach empfohlene tägliche Training (z. B. Gymnastik) von 10 bis 15 Minuten Dauer ist uneingeschränkt nützlich. Die Nachteile dieses Herangehens bestehen im Fehlen des Qualitätsfaktors Belastungsdauer. Weiterhin sollte jede Trainingseinheit mit einer aktiven Erwärmung beginnen; wird ein solches Vorgehen bei einem 10-Minuten-Programm realisiert, so bleibt die Intensität weit unter dem Richtwert, oder es besteht die Gefahr der Selbstverletzung (z. B. Zerrung bei Beweglichkeitsübungen) bzw. die Bekömmlichkeit der Übungen bleibt unter den Möglichkeiten. Die Forderung läuft letztendlich auf eine ausdauerbetonte Vielseitigkeit hinaus, die von alten Menschen z. B. durch Wandern und Gymnastik (in gut durchgewärmtem Zustand) realisiert werden könnte.

Im Sportbetrieb älterer Menschen gilt uneingeschränkt das Prinzip „Sicherheit geht über Leistung". Zunächst muß jede Einheit mit einem Einarbeitungsprogramm (Erwärmung) begonnen werden. Ein deutlicher „Sicherheitsabstand" sollte sodann vor allem bezüglich hoher Intensitätsforderungen beachtet werden; auch die Belastungsdauer darf nicht in hochgradige Ermüdungszustände oder gar in die Erschöpfung führen.

Sportliche Aktivitäten sollten für ältere Menschen unterbleiben bei akuter Erkrankung, bei extremen klimati-

schen Bedingungen, bei Zuständen starker psychischer Spannung oder direkt nach einer größeren Mahlzeit.

Eine Übungsgruppe sollte aus maximal 15 Personen bestehen und möglichst über einen längeren Zeitraum stabil bleiben. Alterssport ist auch „Sport zum Wohlfühlen". Er darf nicht langweilig sein.

Das Sporttreiben sollte nur bei Tageslicht oder in gut erleuchteten Räumen durchgeführt werden; gute Sicht ist im Alterssport eine unerläßliche Voraussetzung. Es sollte möglichst ruhig sein, da alte Menschen oftmals Probleme haben, wenn es darum geht, wichtige Informationen und Nebengeräusche akustisch zu trennen.

Die Kleidung muß der Umgebungstemperatur angepaßt sein; sie darf die Beweglichkeit nicht behindern oder gar zu einer Ursache für Unfälle und Verletzungen werden. Als günstige Übungszeit haben sich der späte Vor- und Nachmittag erwiesen; abendliche Trainingseinheiten sind für ältere Menschen oftmals wenig bekömmlich. Die optimale Dauer einer Einheit (in der Gruppe) beträgt 45 bis 60 Minuten. Eine solche Einheit besteht aus der **Erwärmung, dem Haupt- und Schlußteil** sowie dem **Ausklang.**

Die Aufwärmprozedur hat beim alten Menschen einen relativ hohen Zeitbedarf, da mit einer verzögerten Einstellung auf ein höheres Funktionsniveau zu rechnen ist. Der ältere Mensch hat gewissermaßen Startschwierigkeiten und benötigt deshalb eine längere Anlaufzeit. In das Erwärmungsprogramm ist möglichst jede Muskelgruppe einzubeziehen.

Das Übungsgut sollte auf Bewegungen des Alltagslebens, d. h. auf beherrschte Bewegungsabläufe zurückgreifen. Den Vorzug verdienen „volkstümliche" sportliche Bewegungsabläufe; strenge Regeln haben im Alterssport keinen Platz. Andererseits sind aber auch ältere Menschen durchaus zu motorischem Lernen und zum Erwerb von Bewegungserfahrungen in der Lage; gelegentlich können deshalb einfache neuartige Übungsansprüche gestellt und Improvisationen verlangt werden. Spiele mit Körperkontakt sollten ebenso unterbleiben wie komplizierte und riskante koordinative Techniken oder Anforderungen an ein hohes Maß an Beweglichkeit; Niedersprünge sind für ältere Menschen ungeeignet.

Ältere Menschen haben angesichts einer fortschreitenden Starre des Brustkorbs ihre Atemtechnik zu verbessern; hier können Fortschritte durch gezielte **Atemübungen** erreicht werden. Die bewußte tiefe Ein- und vor allem Ausatmung sollte zu jeder Übungseinheit gehören. Während der Ausführung von Übungen, die mit Preßatmung einhergehen könnten, ist unbedingt auf die Vermeidung der Atmungsunterbrechung zu achten.

Zu vermeiden sind Überraschungsmomente; abgehackte, abrupte Anforderungen können schädlich sein. Plötzliche Übergänge oder ruckartige Lageänderungen sind unangebracht; der Kopf sollte nicht abrupt bewegt werden. Zu umgehen sind stauchende Techniken oder Ansprüche an die Explosivkraft. Rücksicht zu nehmen ist weiterhin auf Fußanomalien, Schonhaltungen und selbst auf eine Brille. Übungen im Sitzen oder Liegen ist oftmals gegenüber gleichartigen Übungen im Stehen der Vorzug zu geben. Bei letztgenannten Übungen sollten die Füße in Überhüftbreite aufgesetzt werden (gesicherte Stellung). Die verwendeten Sportgeräte müssen einfach handhabbar sein. Ein Medizinball ist z. B. für ältere Menschen unangebracht, da er allein durch sein Gewicht Verletzungsgefahren mit sich bringt. Holzstäbe, wie sie zur Gymnastik verwendet werden, können durch (nachgiebige) Tücher ersetzt werden. Zusatzlasten sind für den Alterssport weitgehend überflüssig, da die Bewältigung des eigenen Körpergewichtes einen ausreichenden Trainingsreiz vermittelt.

Die Erholungsvorgänge laufen bei älteren Menschen verzögert ab. Es ist deshalb stets auf **angemessene Erholungsphasen** zu achten. Eine solche Forderung bringt auch die Notwendigkeit der Minimierung von Ermüdungsfehlern und -risiken zur Geltung.

An einen Übungsleiter, dem in einer Alterssportgruppe die sportmethodische Umsetzung obliegt und der die Übungen im Sinne der Fremdbestimmung an die Ausführenden heranträgt, werden neben der Beherrschung inhaltlicher Linien weitere relativ hohe Anforderungen gestellt. Er muß in der Lage sein, sich adäquat mitzuteilen und die Übungen einfach und anschaulich zu demonstrieren. Dabei ist davon auszugehen, daß die optisch-motorische Umsetzung bei älteren Menschen im Regelfall verlangsamt ist. Fehlerkorrekturen haben taktvoll, geduldig und mit Fingerspitzengefühl zu erfolgen; vor gravierenden Mißerfolgserlebnissen ist der ältere Sportwillige zu bewahren. Auf jede Risikoscheu ist einzugehen, und psychische Barrieren sind zu berücksichtigen. Jede Verunsicherung oder Aufregung ist zu vermeiden. Andererseits ist die Motivation zu angemessener Anstrengung zu stärken. Zur sportlichen Betätigung in der Gruppe gehört die Geselligkeit ebenso wie die Fürsorge. **Rhythmische Bewegungsabläufe** sind im Übungsprogramm zu bevorzugen.

15.6 Belastung und chronische Erkrankung

Es heißt etwas formelhaft, daß der durchschnittliche 70jährige 3 chronische Erkrankungen hat. Krankheiten begleiten den Alternsprozeß. Diese Multimorbidität beeinträchtigt die Belastbarkeit; die sportliche Belastung trifft auf geschädigte Körperstrukturen und labile Körperfunktionen. Das physiologische, genetisch determinierte Altern vermischt sich mit pathologischen Prozessen.

Der alte Mensch ist mit pathologischen Veränderungen beladen. Die Mehrzahl dieser Erscheinungen (z. B. an den Blutgefäßen oder Gelenken) bleibt unter Ruhebedingungen stumm und symptomfrei. Körperliche Belastungen sind jedoch oftmals der Grund dafür, daß die Unterschwelligkeit verlassen wird und Symptome manifest werden. Wenn ein älterer Sporttreibender seinem Übungsleiter sagt, daß er gesund sei, muß das nicht stimmen; der subjektiv empfundene Gesundheitszustand muß nicht mit dem ärztlichen Urteil übereinstimmen. Es gibt Narben, Verschleiß, Defekte und Instabilitäten, die unter Belastung hervortreten. Der Alterssportler muß stets mit einer Koronarsklerose (besonders bei Rauchern) sowie mit arthrotischen und spondylotischen Handikaps rechnen und das Belastungsregime darauf generell einstellen. Darüber hinaus gibt es individuelle körperliche Probleme, die die Leistungsfähigkeit einschränken und bei Belastung das Risiko erhöhen. **Untersuchung, Blickdiagnose, Beobachtung** und **Befragung** müssen hier einen akzeptablen Einblick in die jeweilige Belastbarkeit gewähren. Auch eine **Medikamenteneinnahme** muß in Rechnung gestellt werden. Diese Orientierung darf jedoch kein Argument zur Übervorsicht sein; es ist zu bedenken, daß der Alterssport nur dann wirksam ist, wenn der gesetzte Reiz die Alltagsbelastungen übersteigt.

Es geht im Alterssport darum, bezüglich der Belastungen die Grenzen zu kennen und zu akzeptieren. Wich-

tig ist der Hinweis, daß bei jungen Sportlern die Grenze durch die Ermüdung markiert wird, während bei Alterssportlern die Grenze oftmals durch Symptome bzw. Komplikationen diktiert ist.

Der Sportbegriff hat mit ansteigendem Alter zunehmend weniger mit dem Sport im herkömmlichen Sinne zu tun; er ist letztendlich ein Sammelbegriff, der vielfach zu differenzieren wäre. Der organisierte und qualifiziert überwachte Sport ist auch im Alter wichtig, er hat aber keine Monopolstellung. Der Sport im Alter läßt sich nicht auf eine einfache Formel bringen. Es geht nicht zuletzt um die lebensintegrierte körperliche Aktivität, um das körperlich anspruchsvolle und anregende Leben. Der Alterssport muß auch zu den Leistungsvoraussetzungen passen. So betrachtet ist ein Training auch noch im Schaukelstuhl möglich.

Es ist im Sport wie in zahlreichen Lebensfeldern: Das Ziel bestimmt die Aufgaben und Inhalte, und diese bestimmen den Weg. Dem Alterssport liegt ein zielorientiertes Konzept zu Grunde. Die sportbezogenen Methoden, die auf **Leistungsfähigkeit, Gesundheitsstabilität, Belastbarkeit, Erholungsvermögen, Wohlbefinden** u. ä. abzielen, resultieren aus einer Auslegung des Sportbegriffes im weiten Sinne. Nachfolgend sei auf einige „unsportliche" Modelle hingewiesen.

Wandern, Marschieren, Touristik sind für den älteren Menschen Bewegungsformen der ersten Wahl; Ausflüge dieser Art mit einem Kulturdenkmal als Ziel oder mit der Absicht vogelkundlicher oder botanischer Beobachtungen liegen vollauf in der Zielsetzung des Alterssports. Die individuellen Voraussetzungen bestimmen Dauer und Tempo; Pausen können nach Belieben eingelegt werden. Alte Menschen müssen auf Wegen und nicht in ungebahntem Gelände gehen. Ein Stock kann gegebenenfalls die Gelenke um mehr als 10 kg entlasten. Bequemes Schuhwerk ist eine Bedingung.

Von hohem altersgerechten Wert ist das **Tanzen**. Es beansprucht und stärkt vor allem die im Alter vielfach der Rückbildung und Schwächung ausgesetzte Antischwerkraftmuskulatur; besonders die im Alter wichtige Muskulatur der Füße wird gekräftigt. Es gilt immer wieder, das Gleichgewicht zu stabilisieren; aber auch die Kondition wird geschult. Der Tanz erfordert Variabilität, und er zwingt auch zur Bewegungsimprovisation. Neue Bewegungserfahrungen können gesammelt werden, und die Bewegungssicherheit wird ausgeprägt. Hinzu kommt, daß der Rhythmus auch für den alten Menschen etwas Faszinierendes hat und daß vom Tanz auch emotional positive Zeichen gesetzt werden können. Rhythmik erzeugt auch Wohlbehagen und setzt die Ermüdbarkeit herab.

Weit verbreitet unter alten Menschen ist die **Gartenarbeit**; leider ist sie saisonal begrenzt. Ihre Vorteile auch für die Konditionierung des alten Menschen steht außer Frage. Der Winter verlangt allerdings eine „Umsteigesportart". Bodenbearbeitung, Säen, Pflegen, Ernten sind vielseitige Anforderungen, die den ganzen Körper beanspruchen. Aber das Arbeiten in verkrampfter gebückter Haltung oder in der Hocke, einbeiniges Knien oder Hand-über-Kopf-Arbeit sind Stellungen, die des Ausgleichs bedürfen, wenn sie auf Dauer nicht negative Auswirkungen haben sollen. Gelegentliches Rekeln und Recken, Lockern und Entspannen sind geboten.

Ganz besonders nahe zu legen ist älteren und alten Menschen das Spiel mit den Enkeln oder auch Urenkeln. Es geht dabei keinesfalls allein darum, das Kind zu beschäftigen; es geht vielmehr um ein beiderseitiges Geben und Nehmen. Kein Geschenk vermag in gleicher Weise einen

Zugang zum Kind zu öffnen und eine innere Beziehung zu entwickeln wie das gemeinsame Spielerlebnis. Für den älteren und alten Menschen liegt der Vorteil weiterhin darin, daß er aus seiner Passivität gerissen wird. Die Möglichkeiten des Spiels sind unerschöpflich. Rollern, Dreiradfahren, Schaukeln, Hasche spielen, Reifentreiben, Balancieren, Pantomime, einfach Toben usw. bis hin zum Murmelnspielen, Trampeln, Klatschen und zum Buddel- und Badespaß; jeweils zu beiderseitigem Vorteil und Nutzen. Obenan steht aber das Spiel mit dem Ball. Im Kapitel über die Bewegungskoordination wurde dazu das Wesentliche gesagt. Der Ball gestattet durch die Vielfalt der Wurf-, Stoß-, Fang- oder Annahmetechniken eine hohe Variabilität der Anforderungen. Der Ball bewegt sich, die Situation wechselt schnell, die Karten werden gewissermaßen ständig neu gemischt. Insofern stellt das Ballspiel auch geistig-kreative Ansprüche. Vor allem verlangt es auch eine Auge-Hand-Bein-Koordination. Der alte Mensch hat oftmals Probleme, simultan mehrere Bewegungshandlungen mit der nötigen Präzision auszuführen (Beim Winterspaziergang z. B. bleibt er stehen, um sich die Handschuhe an- oder auszuziehen; Gehen plus Handschuhwechsel überfordert ihn!). Gerade das Ballspiel fördert ein Bewegungsprogramm, das im Alter schnell verloren geht, wenn es nicht abgerufen wird: Gleichzeitig mehrere Bewegungsvorgänge zielgerecht auszuführen.

16 Leistungsprinzip

Der Wettkampf gehörte ursprünglich zum Selbstverständnis des Sports; die Überlieferung dokumentiert, daß der Leistungsvergleich dem Sport immanent ist. Der Sportbegriff ist geradezu ein Synonym für Leistung und Leistungsvergleich. Der Sport wird traditionell von einem eindeutigen Leistungsgedanken getragen.

Zunehmend mehr ältere Menschen wenden sich einer regelmäßigen sportlichen Betätigung zu. Wie ist für diese große Gruppe von Menschen das Leistungsprinzip zu interpretieren? „Mit 70 noch Spitze" lautete in der Tagespresse die Schlagzeile über einem Bericht von einem Veteranen-Sportfest. Ist die „Sportskanone" Vorbild und Zielprojektion des Alterssportlers? Sucht der ältere Sporttreibende den Wettkampf, den Wettstreit? Geht es dem Alterssportler um Siegstreben und Kampfgeist?

Eine zentrale Frage, auf die die Sportmedizin und die Sportwissenschaft eine Antwort zu geben hat, bezieht sich auf die Belastungstoleranz sowie auf das optimale (effektive) sportliche Belastungsregime älterer und alter Menschen. Sowohl Nutzen als auch Schaden können sich mit der sportlichen Aktivität verbinden. Da jede Art des Sporttreibens unverzichtbar Leistung impliziert, sind Positionsbestimmungen zum Leistungsprinzip auch aus der Sicht ärztlicher Verantwortung im Alterssport unerläßlich.

Müssen sich Darlegungen zum Leistungsprinzip im Alterssport gegen Alte-Herren- und Alte-Damen-Mannschaften richten? Ist gegen nationale, kontinentale und Weltmeisterschaften der Veteranen zu argumentieren? Bei den Teilnehmern an derartigen Veranstaltungen handelt es sich mehrheitlich um eine Selbstselektion; diese Sporttreibenden sind zumeist seit Jahrzehnten mit ihrer Sportart vertraut, und sie pflegen einen sportgerechten Lebensstil. Für sie ist die meß- und bewertbare sportliche Leistung in ihrer Altersklasse ein zentraler Schauplatz der Selbstverwirklichung und ein bedeutender Lebensinhalt. Die zu dieser Kategorie gehörende geradezu verschwindende Minorität älterer und alter Sporttreibender ist „ein Kapitel für sich". Für ihre persönliche Sinngebung ist die Frage nach den Möglichkeiten und Grenzen des Leistungsprinzips im Alterssport schlüssig beantwortet. Dieser Personenkreis treibt im Regelfall lebenslang und lebensbegleitend Sport; die Technik der betriebenen Sportart wird gut beherrscht. Aus einer solchen Sicht der altersbezogenen Spitzenleistung ist jedoch nicht einmal im Ansatz ein Anspruch auf Allgemeingültigkeit abzuleiten.

Der gesundheits- und freudbezogene weitgespannte Alterssport soll sich grundsätzlich ohne jeden Leistungszwang, ohne Erfolgsdruck und ohne belastenden Streß vollziehen.

Auch der ehrgeizige Alterssportler sollte seine Grenzen kennen und anerkennen; er muß diese Grenzen akzeptieren und nicht ignorieren. Die Leistungsgrenze engt sich alternsbedingt ein. **Der Alterssportler muß wissen, wann und wo er aufzuhören hat.** Die Vernunft hat vor den sportlichen Ehrgeiz zu treten. Daran sollte sich auch die eigene Erwartung orientieren. Es geht um den verantwortungsbewußten Umgang mit dem eigenen Körper. Zum Sport des älteren und vor allem des alten Menschen gehört „leistungsbewußte Gemächlichkeit". Die Altersbeschränkungen gebieten eine zielorientierte Einschätzung der eigenen Leistung.

Der Alterssportler erwartet zu Recht Leistungen von sich; der Ehrgeiz darf sich aber nicht auf die Belastung bis zur

Ermüdung richten, sondern er muß vielmehr auf die Regelmäßigkeit und Konsequenz des Sporttreibens gerichtet sein. Das Leistungsprinzip im Alterssport bedeutet vorrangig Kontinuität und Beharrlichkeit des Sporttreibens. Allein bezüglich der Stetigkeit des Trainings vermag der Leistungssportler dem Alterssportler ein „leuchtendes Vorbild" zu sein. Schon die Überwindung, ein- oder mehrmals wöchentlich eine sportliche Betätigung auf sich zu nehmen, kann im Alterssport dem Leistungsprinzip zugerechnet werden.

Der Alterssport darf nicht mit dem Stigma einer falsch verstandenen Wettbewerbssituation behaftet sein. Diese wäre mit einem Distreß verbunden. **Es wird miteinander, nicht gegeneinander Sport getrieben.** Es darf nicht die wertende Klassifizierung von Sieger und Besiegtem (Unterlegenem, Geschlagenem) geben. Der Alterssportler ist vor Mißerfolg zu bewahren!

Der Alterssport ist keine Sache des Übereifers und der Höchstleistung. Nicht Kraftakte sind gefragt, sondern das freudvoll Notwendige an körperlicher Aktivität, das eine wesentliche Komponente des Wohlbefindens bildet. Es geht auch um den Erhalt der Leistungsfähigkeit bzw. um die Verzögerung ihres alternsbedingten Rückgangs. **Fithalten** oder **In-Schwung-bleiben** sind alterssportgerechte Begriffe. Dazu kommt der Erlebniswert des Sports, das Sporterlebnis. Die sportliche Leistung sollte nicht das vordergründige Motiv des Sporttreibens sein.

Ist im Alterssport das Kräftemessen in jedem Fall deplaziert? Auf die mit arbeitssüchtigen Menschen vergleichbaren Alterssportler läßt sich verweisen; für diese Auswahl älterer Sporttreibender ist der Sieg und das Auffinden des eigenen Namens auf einem vorderen Platz der Altersklassen-Bestenliste ein zentrales Stück Selbstverwirklichung; für sie wird der Leistungsvergleich im sportlichen Wettkampf zum Ziel und zum Selbstzweck. Für den „normalen Alterssportler" stellt sich das Kräftemessen relativ trivial dar. Als einleuchtendes Beispiel dafür sei allein das Tischtennis- oder Federballspiel angeführt; es reicht auf Dauer nicht aus, sich den Ball so zuzuspielen, daß er nicht zu Boden fällt; von einem bestimmten Zeitpunkt an wird gezählt! Aber der alte Mensch sollte in seinem sportlichen Bemühen keine „großen Sprünge" machen.

Ist die Leistung im Alterssport überhaupt eine sittlich berechtigte Forderung? Welche Position hat z. B. der Sportarzt dazu einzunehmen?

Auch im Alterssport ist der Leistungsvergleich unverzichtbar. Aber die Leistung ist kein absolutes Maß. Das Bezugssystem ist im Alterssport von besonderer Art. Als Maßstab bietet sich der Vergleich mit unsportlichen Gleichaltrigen an („ich bin 70, du bist 70, schau her, was ich noch kann"). Es findet weiterhin der Vergleich mit sich selber statt („was konnte ich bisher, und was kann ich jetzt"; „was kann ich noch immer, obwohl ich älter geworden bin"). Ein weiterer Vergleich geschieht mit der Ausgangslage und dem Aufwand; ein geringer und dazu freudvoll erbrachter Aufwand an körperlicher Aktivität trägt Leistungsfähigkeit, gute Gesundheit und Wohlbefinden ein. Die Orientierung ist gerichtet auf die Beurteilung des Leistungsfortschritts bzw. -erhalts.

Das Leistungsprinzip läßt sich im Alterssport nicht verneinen, es gilt! Leistungsstreben im Alterssport ist jedoch keinesfalls mit Leistungssport gleichzusetzen; Wettkampf und Leistung sind auch im Sport keine identischen Begriffe. Der Alterssport verlangt ein zieladäquates Erfolgs- und Leistungsdenken. **Der Alterssport hat seine eigenen Bezugsgrößen.** Auch der Alterssportler erwartet Leistungen von sich, er hat ein Leistungsbedürfnis, er sucht seine subjektive Leistungsidentität; er will seine Aufgabe gut erfüllen.

Der Alterssportler benötigt den Erfolg. Nur der wahrnehmbare Erfolg macht gewissermaßen zum Wiederholungstäter. Ohne spür- oder meßbaren Effekt kommt es zum Motivationsverlust und zur Abkehr. Der Wille zum Sporttreiben darf jedoch nicht erlahmen. Der Ineffektivität des Tuns würde Unzufriedenheit und Entmutigung folgen. Das Training muß sich lohnen. Es geht allerdings um die persönliche Erfolgsbewertung, bei der objektive und subjektive Maßstäbe anzulegen sind.

Die Mahnung zur Vernunft und die Warnung vor „Glanznummern" bei der Realisierung des Leistungsprinzips im Alterssport ist auf die Fähigkeiten Kraft, Ausdauer, Schnelligkeit und auch Beweglichkeit gerichtet, bei denen die Bereitstellung hoher Energiebeträge pro Zeiteinheit bzw. extreme Gelenkausschläge im Spiel sind. Unter einem völlig anderen Vorzeichen ist die Koordination (Gewandtheit, Geschicklichkeit) einzureihen. Hier gilt das Leistungsprinzip im Alterssport uneingeschränkt! Koordination bedeutet Bewegungskontrolle und motorischer Reichtum. Ihre Aneignung und ihr Erhalt ist bei korrektem Herangehen ohne Risiko; ihr Besitz wird positiv wahrgenommen und als Erfolg erlebt. Zum Alterssport gehören Präzisionsleistungen. Das Leistungsprinzip richtet sich im Alterssport ohne Einschränkung auf richtige und genaue Bewegungen! Das Leistungsprinzip im Alterssport ist unbedenklich gültig in Bezug auf die Variabilität der Bewegungsanforderungen.

Das Leben des älteren und vor allen des alten Menschen ist im Regelfall gekennzeichnet durch monotone Abläufe und zunehmend einfachere Tätigkeiten (s. Kap. 18). Der

Tagesgang erfolgt stereotyp nach „Schema F" und ist vielfach charakterisiert durch inhalts- und zeitbestimmte Rituale. Der Alterssport eröffnet eine überzeugende Möglichkeit des Ausbruchs aus einer derartigen Alltagsroutine, die gewissermaßen wie eine selbst gelegte Fessel wirkt. Unter dieser Sicht ist schon die regelmäßige Teilnahme am Sport eine effektive Verwirklichung des Leistungsprinzips. Die sportlichen Inhalte sollten bei niedriger Intensität altersgemäße, motorisch relativ anspruchsvolle Abläufe abrufen. Selbstverständlich muß zumeist auf Gekonntes oder Erlerntes zurückgegriffen werden, denn ein derartiges Vorgehen gibt zunächst Sicherheit. Eine gesonderte Leistung resultiert aber aus der sachverständigen Verknüpfung von Bekanntem und einem vertretbaren Zwang zur Improvisation.

Das erfolgreiche Sporttreiben des älteren Menschen ist durch eine Reihe zusätzlicher rationaler wie emotionaler Momente gekennzeichnet, die einem Leistungsvergleich im weiteren Sinne Raum geben. Dazu gehört des ästhetisch-kosmetische Abbild des Sporttreibens (aufrechte Haltung, Schlankheit, lockere Bewegungen), das Erleben der Leistungsfähigkeit (optimistische Grundeinstellung) oder die bewußte Wahrnehmung der guten Bewältigung der Alltagsaufgaben.

Für den Alterssport sind die bisherigen Definitionen und Auslegungen des Sportbegriffs offensichtlich zu eng. Der Alterssport kann nicht ernsthaft von der Zielstellung Sieg und Höchstleistung geleitet werden. **Das Ziel des Alterssports ist der intakte, leistungsfähige Körper; Erlebnis steht vor sportlichem Ergebnis, das Wohlbefinden bestimmt den Inhalt und setzt das Maß.**

Es scheint vordringlich, das Leistungsprinzip im Sport von einseitig wettkampfsportlich orientierten Begriffsinhalten freizumachen. Eine einseitig leistungssportlich geprägte Auslegung des sportlichen Leistungsprinzips kann Anlaß sein, namentlich ältere oder sportlich wenig talentierte Menschen von der regelmäßigen sportlichen Aktivität fernzuhalten.

Das Leistungsprinzip, das sich nicht aus dem Alterssport ausklammern läßt, orientiert sich an altersgemäßen Zielen und Inhalten; es verfügt über eigenständige Bezugsgrößen, unter denen die sportliche Bestleistung weit zurücktritt und solche Formen der sportlichen Aktivität das Leistungsprinzip determinieren, die vorrangig auf so zentrale Lebensqualitäten wie Gesundheitsstabilität, komplexe Leistungsfähigkeit, Belastungstoleranz, Erholungs- und Entspannungsvermögen, körperliche Unabhängigkeit und Wohlbefinden gerichtet sind.

17 Biologisches Alter

Der Begriff des biologischen Alters wird zur Präzisierung und differenzierten Bewertung des kalendarischen (chronologischen) Alters verwendet. Ursprünglich wurde diese Begriffsbildung lediglich im Zusammenhang mit Kindern und Jugendlichen eingeführt, um größere interindividuelle Unterschiede bei Wachstum, Entwicklung und Reifung zu kennzeichnen. Abweichungen vom mittleren Entwicklungsgang werden als Akzeleration (Entwicklungsbeschleunigung, Frühentwicklung) oder Retardierung (Entwicklungshemmung, Spätentwicklung) bezeichnet.

Auch für ältere und alte Menschen wird seit wenigen Jahrzehnten das biologische Alter zur Geltung gebracht. Es wird durch Parameter der typischen alternsbedingten Veränderungen, des Gesundheitsstatus und der funktionellen Kapazität mehr oder weniger exakt bestimmt. Bei einem 65jährigen kann es bis zu ± 20 Jahren um das kalendarische Alter variieren! Das zeigt auch die alltägliche Beobachtung und Erfahrung.

Für die Inhalte und die Dosierungen im Alterssport spielt das individuelle biologische Alter eine richtungweisende Rolle. Zunächst ist zu konstatieren, daß zahlreiche konsequente Alterssportler eine positive Selektion repräsentieren. Sie sind auf Grund der physischen Voraussetzungen gut belastbar und trainierbar. Die Marathonbestzeiten von Alterssportlern belegen diese These (s. Tab. 1); die wiedergegebenen Leistungen kennzeichnen die abgehobene Ausnahme, die zwar demonstriert, was möglich ist, die aber überhaupt keinen Anspruch auf Allgemeingültigkeit und keine Konsequenz für praktische Empfehlungen hat.

Mit ansteigendem Lebensalter nimmt die Heterogenität der Bevölkerung zu; die Menschen werden gewissermaßen verschiedener. Eine solche Entwicklung auf Populationsebene macht die zunehmende Verschiedenartigkeit in der Belastbarkeit deutlich, und sie erfordert eine Belastung, die das biologische Alter berücksichtigt. Für den Übungsleiter bedeutet eine solche Argumentation, daß neben der Fitneß und anderen Belastbarkeitskriterien dem biologischen Alter beim Herangehen im Training Rechnung getragen werden muß. Es darf nicht verhehlt werden, daß die objektive und zuverlässige Bestimmung des biologischen Alters noch problematisch ist, so daß jeder Übungsleiter aufgerufen ist, bewußt Erfahrungen zu diesem Gegenstand zu sammeln und dieses Thema unbedingt in sein Weiterbildungsprogramm einzubeziehen.

Zweifellos sind sportliche Spitzenleistungen im Alter einer „biologischen Elite" vorbehalten; auf dieser Basis kommt es auch zu einer Selbstselektion. Wesentlich bleibt, daß auch Menschen mit schlechten Voraussetzungen bezüglich ihres biologischen Alters in gesundheits- und befindensrelevanten Bereichen trainierbar bleiben, wie Längsschnittanalysen eindeutig ausweisen konnten. Gerade diese vom Erbgut her benachteiligte Gruppe hat die körperliche Aktivität nötig, weil die mit fortschreitendem Alter nachlassenden Bewegungsanforderungen einen Leistungsrückgang bewirken und verantwortlich werden für Inaktivitätsatrophie und Anpassungsdefizite. Auch bei relativ ungünstigem biologischem Alter lassen sich Leistungsfähigkeit und

Funktionstüchtigkeit sowie Regulationsniveau, Reservepotential und damit Fitneß und Vitalität verbessern.

In jüngster Zeit wird bei alten Menschen die spontane Gehgeschwindigkeit als ein leicht erkennbares Maß des biologischen Alters herangezogen.

Frauen haben eine bessere mittlere Lebenserwartung als Männer. Bei den gegenwärtig verwendeten Meßwerten zur Bestimmung des biologischen Alters finden sich allerdings keine geschlechtstypischen Unterschiede.

18 Monotonie im Lebenslauf

Für das Sporttreiben des alten Menschen wurde in den voranstehenden Abschnitten ein variierendes Programm gefordert. Ein solches Modell der Variabilität mit Schwerpunktlegungen ist konzipiert als ein Instrument zur Entschärfung der Folgen des für alte Menschen typischen „Gleichschritts des Gewohnten".

Das Leben vieler alter Menschen verläuft in schöner Regelmäßigkeit. Die Stereotypie der Zeiteinteilung und der Abläufe wird als Komfortabilität und Geborgenheit empfunden. Im Tagesgang gibt es zeitliche Fixpunkte für bestimmte Verrichtungen (Aufstehen, Mahlzeiten, Mittagsruhe, Spaziergang etc.). Die zeitlich und inhaltlich fixierte Planung schafft Festprogramme und schließlich erstarrende Rituale. Ein solches automatisiertes Programm läuft im Sinne von 08-15 perfekt ab, und es gibt dem alten Menschen Sicherheit. Das Problem besteht jedoch in der Tat darin, daß ein festes Fundament im Lebensablauf gesucht wird und daß dabei auf Erlerntes und sicher Beherrschtes zurückgegriffen wird. Ein solches Leitbild bringt im Verlauf der Zeit eine zunehmende bewegungsmäßige Anspruchslosigkeit zu Geltung, und eine solche Entwicklung engt die Fähigkeit zur Lebensäußerung gesetzmäßig ein.

Die ständige Orientierung auf motorisch Gekonntes, das wirklich sicher beherrscht wird, verstellt gewissermaßen die Sollwerte der Motorik. Allein in dem abgeforderten Bereich funktionieren Bewegungen noch leidlich zuverlässig. Aber insgesamt wird das System zunehmend simpler, und seine Ansprechbarkeit wird geringer. Ein solcher

Trend darf nicht einfach hingenommen werden; sonst geht der Organismus gewissermaßen in Pension, d. h., er nimmt bestimmte Führungsbefehle nicht mehr an, er verrechnet sich, er wird unzuverlässig, und er klammert die autonom gesteuerten Organe wie Herz und Kreislauf, Atmung usw. immer mehr aus.

Das dargelegte alterstypische Szenarium schreibt vor, daß dressurhafte motorische Rituale das Bewegungsverhalten alter Menschen nicht dominieren dürfen. Es ist richtig, daß der alte Mensch auch seine festen Bewegungsprogramme benötigt; diese geben erst einmal Sicherheit. Derartige Programme dürfen sich jedoch nicht total verfestigen und einen gelegentlich aufgezwungenen Wechsel völlig beschränken. Es ist bildhaft vorübergehend notwendig, ausgetretene Pfade zu verlassen. Allein auf diese Weise bewahrt sich der alternde Mensch eine zufriedenstellende motorische Variabilität.

Im Alterssport geht es um ein möglichst vielseitiges Üben. Die Vielfalt ist das Entscheidende. Das einschränkende Schlagwort „ein alter Hund lernt keine neuen Kunststücke" ist nicht repräsentativ. Das Anliegen besteht in einem gelegentlichen sachkundigen Umstellen von Bewegungsprogrammen und in der Neuaufstellung solcher Programme. Auch der alte Mensch darf vor dem Erlernen (Wiedererlernen) von Bewegungsabläufen und vor der Bewegungsimprovisation nicht zurückschrecken. Ein solches Ansinnen erfolgt jedoch stets unter der Maßgabe des safety first und im Regelfall nach dem Prinzip **Langsam-aber-sicher.**

Die Forderung lautet: **Weg von alterstypischen Bewegungsstereotypien!** Das Sammeln neuer Erfahrungen, das Neu- oder Wiederentdecken des Körpers, das Lernen, mit dem alten Körper in der Bewegung umzugehen, das Bewältigen neuartiger Situationen, die Überwindung unbegründeter Ängste usw. schafft Selbstvertrauen, hat positive Auswirkungen auf die Stimmungslage und fördert generell die Entscheidungskraft.

Das Leben auch des alten Menschen stellt im Alltag durchaus noch variable Anforderungen. Dabei spielen Zufälle, Unvorhergesehenes und diverse Störungen eine Rolle. Darauf ist erfolgreich zu reagieren, und damit ist fertig zu werden. Starre Reaktionsprogramme sind in solchen Fällen unzuverlässig, und sie führen zum „Verstolpern". Wenn der alte Mensch über den **wohldosierten, vielseitigen und freudvollen Alterssport** lernt, mit seinem Körper umzugehen, so ergibt sich ein doppelter positiver Effekt. Es wird die Unfall- und Verletzungsprävention eingebracht, und es wird der körperlichen Konstruktion entsprechend die naturgegebene Bedienungsanleitung verwendet, was ihre Stabilität erhöht.

19 Gesundheitsbewußtsein und Gesundheitserziehung

Alterssportler zeigen im Vergleich zu unsportlichen Menschen gleichen Alters aufschlußreiche Wissensvorteile hinsichtlich leistungs- und gesundheitsbezogener Sachverhalte. Die Sporttreibenden verfügen über eine bemerkenswert gute Körperkenntnis. So können z. B. im Regelfall sporttreibende Arbeiter tiefergehend und gezielter in fachgerechter Wortwahl Auskunft geben als unsportliche Universitätsabsolventen. Die Sporttreibenden sind besser themenbezogen gebildet, was auf ein hohes Interesse an Fragen der Gesundheit hinweist. Sie verstehen sich auf die Selbstbeobachtung, ohne dabei hypochondrische Züge zu reflektieren; sie beobachten sich vor allem unter dem Kriterium der Leistungsfähigkeit, wohl wissend, daß Leistungsfähigkeit ohne Gesundheit nur bedingt zu haben ist.

Der Vorteil gesundheitsbezogener Selbstbeobachtung besteht maßgeblich darin, daß der Körper in seiner psychophysischen Einheit sich unter sportlicher Anforderung treffender und zuverlässiger offenbart als unter Ruhebedingungen. Der Beobachter selbst wird sensibler für Veränderungen, und er versteht es mit der Zeit, die Belastungsreaktionen in leistungsphysiologische und medizinische Tatbestände einzuordnen. Sehr hilfreich ist in diesem Zusammenhang der Erfahrungsaustausch mit Gleichgesinnten. Dem betreuenden Arzt fällt oftmals auf, wie zielstrebig Fragen gestellt werden und wieviel Verständnis für sportmedizinische Probleme vorhanden ist.

Neben dem guten Wissen über Körperfunktionen kennen Alterssportler sich bemerkenswert gut bei der vollwertigen und bedarfsgerechten Ernährung für ältere Sporttreibende aus. Sie wissen Bescheid über Proteine, Fette und Kohlenhydrate, über ihre ernährungsphysiologische Bedeutung und ihren Energiegehalt, und sie haben Kenntnisse über Mineralien, Vitamine und Ballaststoffe in der Ernährung.

Bei einem Alterssportler ist davon auszugehen, daß er sich verstärkt Gedanken macht über Fragen der Erholung und der Körperhygiene. Mit existierenden chronischen Erkrankungen versteht er zunehmend besser umzugehen.

Die gegebene Situation macht eine qualifizierte Beratung des Alterssportlers erforderlich. Sowohl der betreuende Arzt als auch der Übungsleiter muß in der Lage sein, auf gezielte Fragen überzeugend Antwort zu geben; anderenfalls ist die Glaubwürdigkeit beeinträchtigt. Die nachfolgenden Ausführungen sollen einige prinzipielle themenbezogene Hinweise vermitteln.

Der bewußte Schutz der Gesundheit setzt Kenntnisse, Einstellungen, Überzeugungen und Motive sowie gefestigte Verhaltensweisen voraus.

Die Verantwortung im Zusammenhang mit der Erhaltung und Förderung der Gesundheit ist im Alterssport durch drei grundsätzliche gesundheitserzieherische Zielrichtungen gekennzeichnet:

- Angemessenes Sporttreiben ist ein Mittel zur Stabilisierung der Gesundheit; regelmäßiges Sporttreiben setzt die Erkrankungsanfälligkeit herab.
- Gewohnheitsmäßiges Sporttreiben beeinflußt generell die Lebensweise in einer gesundheitsdienlichen Richtung.

- Falsch betriebener Sport kann gesundheitliche Störungen im Gefolge haben; diesen muß zuverlässig vorgebeugt werden.

Der Übungsleiter muß als ständige Aufgabe dem Sporttreibenden gewissermaßen beiläufig deutlich machen, daß die körperliche Aktivität unstreitig eine vielversprechende Möglichkeit der Gesundheitsverbesserung ist, wobei die **Stetigkeit des Sporttreibens** ausschlaggebend bleibt; Aktionismus schadet eher.

Der Übungsleiter sollte mit dem Gesundheitswert des regelmäßigen Sporttreibens aus eigener Erfahrung vertraut sein; auch in seiner Weiterbildung muß er diesen Aspekt bedenken. Es geht für ihn darum, in seinem sportpraktischen Vorgehen die gesundheitliche Stichhaltigkeit zu berücksichtigen und sein sachbezogenes Wissen unaufdringlich aufklärend zu vermitteln. Herz und Kreislauf, Atmung, Stoffwechsel, Nervensystem und Gelenke werden durch ein angemessenes Sporttreiben in ihrer Funktionstüchtigkeit positiv beeinflußt. Ein Training steigert die Leistungsfähigkeit und stattet den Körper mit Reserven aus. Das Training wirkt abhärtend, es verbessert die Abwehr- und Bewältigungsmechanismen. Die gesundheitserzieherischen Aktivitäten des Übungsleiters sollten auch auf die wahrnehmbare und erlebbare Befindensverbesserung durch das alters- und voraussetzungsgerechte Sporttreiben eingehen.

Ein wesentlicher Faktor im Zusammenhang mit der Thematik Sport und Gesundheit ist **der Wechsel von Belastung und Erholung**. Der Begriff der aktiven Erholung ist ein Kernstück der sportbezogenen Gesundheitserziehung. Die körperliche Aktivität kann bereits für sich als einzelne Trainingseinheit einen Erholungseffekt haben. Ein Trainingsprozeß verbessert die generelle Erholungsfähigkeit.

Mit einer solchen Wirkung ist allerdings vor allem dann zu rechnen, wenn das Sporttreiben Freude bereitet und wenn es mit Erfolgserlebnissen einhergeht. Jeder gesundheitsdienlichen Trainingseinheit ist ein Erlebniswert eigen. Mit diesen Feststellungen soll auf die psychische Seite des gesundheitsrelevanten Sporttreibens hingewiesen sein.

Regelmäßiges Sporttreiben entwickelt erfahrungsgemäß das **Gesundheitsbewußtsein**. Ein solcher Lernvorgang kann durch den Übungsleiter beeinflußt werden. Zahlreiche Körperfunktionen treten erst unter Belastung in das Bewußtsein und werden so einer Beurteilung zugänglich. Dieser Sachverhalt ist ein Zeugnis dafür, daß einerseits Leistung und stabile Gesundheit unmittelbar erlebt werden und daß andererseits auf Störungen frühzeitig folgerichtig reagiert werden kann.

Die Aufnahme eines Trainings verändert nachweisbar die Lebensweise. Der Übungsleiter sollte über Kenntnisse verfügen, die ihn in die Lage versetzen, diesen Vorgang gezielt auszugestalten. Dabei geht es vorrangig um Hinweise auf die Ausschaltung oder doch Abschwächung der verhaltensbedingten Risikofaktoren. Zunächst beseitigt das **Training den Risikofaktor Bewegungsmangel ursächlich**. Das Übergewicht, das u. a. Herzkreislaufkrankheiten, Stoffwechselleiden oder Gelenkstörungen fördert, kann durch regelmäßiges Sporttreiben abgewendet oder doch gemildert werden. Es wurde vielfach nachgewiesen, daß Sporttreibende im Vergleich zum Bevölkerungsdurchschnitt weniger Alkohol aufnehmen und weniger Zigaretten rauchen.

Das Sporttreiben wirkt positiv auf die Stimmungslage, und es steigert die Streßverträglichkeit. Der Übungsleiter ist als Gesundheitserzieher in der bevorzugten Situation, mit der regelmäßigen sportlichen Aktivität ein Vorgehen zu vertreten und zur Geltung zu bringen, mit dem die Beseitigung oder doch Milderung eines ganzen Bündels von gesundheitsrelevanten Risikofaktoren verbunden ist.

Zahlreiche Folgen des Bewegungsmangels haben eine unübersehbare Ähnlichkeit mit Alternsvorgängen. Die Bewegungsarmut fördert nicht nur die Entstehung und das Fortschreiten sogenannter Alterskrankheiten, sondern es kann die begründete Auffassung vertreten werden, daß die "Altersschwäche" zu einem wesentlichen Teil einen bewegungsmangelbedingten Fitneßverlust anzeigt. **Sport als Gegenwind für Alternsprozesse ist ein lohnendes und auch überzeugendes und dankbares gesundheitserzieherisches Thema für den Übungsleiter.**

Jede Gesundheitserziehung muß die Hygiene in ihr Blickfeld rücken. Für den Übungsleiter sei lediglich auf die Hygiene der Sportstätten und der Kleidung sowie auf die Körperpflege verwiesen. Die zuverlässige Beurteilung der Sachlage bzw. des Verhaltens setzt auch in diesen Zusammenhängen Wissen voraus.

Das Sporttreiben kann auch negative Auswirkungen haben. Die Vermeidung von Verletzungen und Schädigungen ist ein zentrales gesundheitserzieherisches Problem, das den Übungsleiter angeht. Die Sportarten unterscheiden sich in typischer Weise bezüglich ihrer Unfallträchtigkeit. Negativ stigmatisiert sind solche Sportarten, in denen „gekämpft" wird (z. B. um den Ball) und in denen es zum Körperkontakt kommt. Letztlich weist aber fast jede Form des Sporttreibens entsprechend ihrer Bewegungs- und Belastungsstruktur ein gewisses Verletzungs- oder Schädigungsrisiko auf. Der Übungsleiter muß die möglichen Risiken der Übungsformen kennen. Es muß aber auch betont hervorgehoben werden, daß Unfälle und Verletzungen dem Sporttreiben auch im Alterssport nicht direkt innewohnen. Die Ursachen für negative Begleiterscheinungen des Sporttreibens finden sich mit großer Regelmäßigkeit auf dem Sektor von Ordnung, Sicherheit, Disziplin und Fairneß. Aus einem solchen Standpunkt ist zu schlußfolgern, daß Sportverletzungen grundsätzlich vermeidbar und damit der sachverständigen Vorbeugung zugänglich sind!

Gesundheitsbezogene Kenntnisse und Befähigungen sind unerläßlich für einen Übungsleiter, der Menschen mit Vorschädigungen, wie sie für ältere Menschen typisch sind, anleitet. Vielfach kann aber gerade diese Bevölkerungsgruppe vom Sporttreiben in besonders hohem Maße profitieren. Nicht jeder Übungsleiter muß sich im Detail auskennen in der Spezifik der Beratung für das Sporttreiben nach Herzmuskelinfarkt oder beim Diabetes und Bluthochdruck; das muß dem Arzt überlassen bleiben. Er sollte aber versiert sein und sich erzieherisch mitteilen können, wenn es z. B. um die Belastbarkeit einzelner Gelenke oder der Wirbelsäule, um die Preßatmung, um optimale Dehnübungen oder um maximal schnelle Bewegungsabläufe geht.

20 Übergewicht

Das Übergewicht infolge zu großer Fettspeicher ist auch bei alten Menschen weit verbreitet. Übergewicht ist vielfach mit körperlicher Inaktivität verbunden; das Fettgewebe ist der Körperbestandteil, der sich über das Ernährungs- und Bewegungsverhalten am stärksten beeinflussen läßt. Auch im Alter bleibt das Übergewicht ein Risikofaktor für die Gesundheit (insbesondere für die Gelenke) und ein Faktor, der das Befinden negativ beeinflussen kann. Korpulente alte Menschen haben im Regelfall den Wunsch abzunehmen; die Tatsache, daß für ein solches Verlangen in erster Linie Gründe der Kosmetik, d. h. der Eitelkeit bestimmend sind, sollte unbedingt für die Werbung und Gewinnung zum Sporttreiben genutzt werden.

Fett wird bei der Muskelaktivität „verheizt", es kommt zu einer deutlich negativen Energiebilanz. Dennoch wird das Ausmaß der Energiebereitstellung, die sportliche Aktivitäten erfordern, zumeist überschätzt. Für 10 km Laufen, 13 km Wandern oder 35 km Radfahren werden 700–800 kcal umgesetzt; das sind weniger als 100 g Fett! Die Sofortwirkung des Sportbetriebes auf die Energiewandlung wird zumeist überschätzt. Andererseits darf die Freisetzung von Fett durch Aktivität auch nicht vernachlässigt werden.

Das Übergewicht ist nicht allein eine Angelegenheit von Zufuhr und Verbrauch, es ist kein einfaches Bilanzproblem. Es geht nicht nur um den Soforteffekt, sondern auch um relativ stabile Wirkungen auf den Fettstoffwechsel. Die regelmäßige körperliche Aktivität prägt bestimmte Stoffwechselregulationen aus, die u. a. durch eine „Fettfeindlichkeit" ausgezeichnet sind; es werden solche Reaktionen des Stoffwechsels verstärkt, die für einen „Antimästungseffekt" bezeichnend sind. Der Abbau des Depotfetts stellt sich erleichtert, der Ansatz erschwert dar (prompte Mobilisation von Katecholaminen, Absenkung der Insulinkonzentration u. a.). Auch muß bedacht werden, daß der Stoffwechsel nach der sportlichen Aktivität noch für längere Zeit verstärkt abläuft.

Bei der Beurteilung der Übergewichtigkeit ist nicht allein die Menge des Körperfetts von Bedeutung, sondern auch seine Verteilung. Der männliche (androide) Verteilungstyp mit einer Häufung am Bauch (Falstafftyp) gilt als besonders riskant für das Auftreten von Herz-Kreislauf- und Stoffwechselleiden. Nun treten Risikofaktoren dieser Art im Alter als Komponente in einem Risikokonzept nachprüfbar zurück, weil sie über lange Zeitperioden präsent sein müssen, um ihre negativen Auswirkungen manifest werden zu lassen. Ältere Menschen (Männer) mit reichlich Bauchfett sind jedoch beim Sporttreiben mit höheren Intensitäten gefährdet, da die Wahrscheinlichkeit, daß eine Koronarsklerose vorliegt, relativ groß ist.

Die Frage, ob es gelingt, Fettablagerungen direkt über der aktivierten Muskulatur zu reduzieren, ist noch nicht bündig beantwortet. Es ist jedoch allemal einen Versuch wert, die Bauchfettdepots durch Bauchmuskelübungen anzugehen oder das Fett an den „Problemzonen" der Frau (Oberschenkel, Hüfte) durch Bewegungen, die vorrangig Hüft- und Kniegelenke beanspruchen, zu bekämpfen. Generell ist inzwischen bestätigt, daß körperliches Training selektiv das Fettdepot am Bauch reduziert, während eine Reduktionsdiät keinen Einfluß auf die Fettverteilung am Körper hat.

Körperliche Aktivität kann bei der Reduktion des Körpergewichts bei alten Menschen lediglich unterstützend wirken. Den Vorrang verdient die vollwertige energiearme Ernährung. Es zeigt sich aber, daß Sporttreibende eine besonders gute Informiertheit in Ernährungsleitlinien aufweisen.

Übergewichtige ältere Menschen sind schwer zu körperlicher Aktivität zu motivieren. Bei ihnen steht der Appetit auf Bewegung in einem auffallenden Gegensatz zum Appetit auf Speisen. Die Muskulatur ist zumeist unterentwickelt, die Leistungsfähigkeit ist gering, und das Kraft-Last-Verhältnis ist ungünstig. Die mögliche maximale Sauerstoffaufnahme ($\dot{V}O_2max$) wird bereits bei geringer Belastung in hohen Anteilen genutzt; eine Belastung, die etwa 60 % des $\dot{V}O_2max$ beansprucht, wird bereits als schwer empfunden. Korpulente regulieren deshalb ihre Aktivität auf tiefem Niveau ein („dem Schweren fällt vieles schwer, was dem Leichten leicht fällt"). Auch muß das Körpergewicht gehalten und transportiert werden. Infolge der dicken Unterhautfettschicht ist die Temperaturregulation erschwert, und die Atemtätigkeit ist behindert, wodurch frühzeitig das Empfinden der Atemnot eintritt. Blutdruck und Herzschlagfrequenz steigen unangemessen schnell an. Die Belastungstoleranz und -effizienz ist beim Übergewichtigen gemindert. Das sind die Gründe, weshalb sportliche Aktivität von korpulenten älteren Menschen als unbequem wahrgenommen wird und deshalb wenig beliebt und noch relativ unüblich ist. Die Gegebenheiten machen es erforderlich, daß „Vollschlanke" mit viel Fingerspitzengefühl zum und beim Sporttreiben geführt werden müssen.

Eine Steigerung der Energiewandlung und die adaptive Verstärkung fettansatzfeindlicher Stoffwechselwege wird allein durch ein Programm bewirkt, das eine Ausdauerkomponente betont einsetzt. Ausdauer wird vor allem in Sportarten mit zyklischem Bewegungsablauf realisiert. Der Ausdauerlauf, der im Alterssport ohnehin eine nachgeordnete Rolle spielt, ist für übergewichtige Personen ungeeignet; auch Laufspiele sollten mit Zurückhaltung praktiziert werden. Das Skelett ist nicht für ein Übergewicht konstruiert; mit Stauchungen, Überlastungsschäden, Verschleiß und Beschwerden ist selbst bei gutem Schuhwerk zu rechnen. Zu bevorzugen sind gewichtsneutrale Sportarten. Beim **Radfahren** lastet das Körpergewicht auf dem Sattel und beim **Schwimmen** hebt der Auftrieb des Wassers das Körpergewicht weitgehend auf. Auch **Kanufahren** und **Rudern** sind zu empfehlen. Als besonders günstig erweist sich der Aufenthalt im „Erlebnisraum" Wasser. Die Gelenke werden geschont und die Wärmeleitfähigkeit des Wassers ist um ein Vielfaches höher als die der Luft, so daß trotz des Wärmedämmstoffes in Gestalt des Unterhautfettgewebes ein guter Wärmeaustausch mit dem Medium Wasser stattfinden kann. Die **Wassergymnastik** gewinnt an Popularität, weil die Bewegungen gegen den Widerstand des Wassers auch die Kraftfähigkeit entwikkeln. Gegebenenfalls kann sich der Übende am Beckenrand festhalten. Das recht kraftaufwendige **Flossenschwimmen** könnte ebenfalls einen Versuch wert sein.

Beim **Ball- oder Tennisspielen** sollten durch entsprechende Verhaltensregeln stärkere Stauchungen vermieden werden. **Skilaufen** und **Tanzen** erscheinen gut geeignet für den Sport Übergewichtiger im Alter, und auch das Wandern ist (mit entlastenden Unterbrechungen) extensiv möglich. **Gymnastikprogramme** werden von beleibten alten Menschen gut angenommen; die Beweglichkeit ist relativ gut trainierbar, und es lassen sich auf diese Weise Erfolgserlebnisse vermitteln. Wichtig ist die **Atemgymnastik**.

Übergewichtige alte Menschen tendieren zur Bewegungsunlust, die durch die Schwächung infolge Bewegungsarmut im Sinne eines Teufelskreises ständig zunimmt. Ein maßgerechter Umfang an **Bewegung** muß deshalb bewußt in die Lebensführung des Alltags integriert werden (Arbeit im Haushalt, Gehen, Treppensteigen u. a.).

Ein großes Problem besteht darin, für ältere und alte Menschen mit Übergewicht den Einstieg in den Sportbetrieb zu finden; es geht um die sog. Gewinnungsproblematik. Die Orientierung auf das Gesundheitsmotiv und die Propagierung in den Medien haben sich als ungenügend wirksam erwiesen. Eine Präferenz bei der Motivierung verdient der kosmetisch-ästhetische Effekt des Sporttreibens; auch die „verjüngende" und befindensverbessernde Wirkung sollte hervorgehoben werden. Der Wille zum Schlanksein ist vorhanden, und die Eitelkeit kann bei der Realisierung eine der treibenden Kräfte sein.

Soweit spezielle Programme angeboten werden, geht es um Erfolgserlebnisse, insbesondere um Anfangserfolge. Lob, Ansporn und Eingehen auf individuelle Wünsche sind wichtig. In der Gruppe ist eine gute Stimmung für den Erfolg unerläßlich.

Die Quote der Aussteiger ist erfahrungsgemäß hoch; die Gründe dafür müssen bekannt sein, um diesen entgegenzuwirken. Der Hang zu Phlegma und Trägheit kann über den Willen zur Bewegung siegen. Uneingeschränktes Essen kann den sichtbaren Erfolg ausbleiben lassen. Verletzungen wirken entmutigend; verletzungsgefährdet sind vor allem die Gelenke der Beine sowie die Wirbelsäule; die Prävention verdient bei beleibten älteren Menschen besondere Aufmerksamkeit. Krankheiten wie Bluthochdruck, Diabetes, Arthrosen u. a. verursachen Probleme bei und nach dem Sportbetrieb, wenn dieser nicht auf die vorliegenden Störungen eingeht.

Wichtig bleibt für den Übungsleiter, daß er Wissen vermittelt, indem er erläutert, was warum gemacht wird. Bezüglich der potentiellen Wirkung des Sporttreibens muß er realistisch und damit glaubwürdig bleiben. Vor allem muß er in der Lage sein, nach dem Prinzip **„essen und trimmen, beides muß stimmen"** qualifizierte Empfehlungen zu bedarfsgerechter Ernährung zu geben.

21 Chronische Erkrankungen

Es heißt, wie bereits erwähnt, der durchschnittliche 70jährige weise 3 chronische Krankheiten auf. Hervorgehoben zu werden verdienen Arteriosklerose, Arthrose, Lungenemphysem oder Osteoporose; weiterhin können funktionelle Regelschwächen wie labiler Blutdruck oder Glukoseintoleranz den unterschwelligen Störungen zugerechnet werden. Das Gesamtbild ist beim alten Menschen gekennzeichnet durch eine Reihe zumeist charakteristischer organismischer Konstellationen, deren pathologische oder präpathologische Ausdrucksformen unterschwellig verlaufen, die sich aber im Regelfall mit weiterem Altersanstieg stärker ausprägen, bis sie mehr oder weniger dramatisch manifest werden, Beschwerden bereiten und die Lebensqualität mindern. Der Zeitraum, der für eine wirksame Prävention zur Verfügung steht, reicht über Jahrzehnte und sollte bereits im Kindesalter beginnen. Unter diesem Aspekt der Langzeitigkeit stellt sich die Frage, ob eine effektive Intervention im Alter überhaupt noch möglich ist. Inzwischen gibt es eine Fülle an wissenschaftlichen Ergebnissen und praktischen Erfahrungen, die mit großer Übereinstimmung bezeugen, daß eine angemessene und „leidensbezogene" körperliche Aktivität auch bei alten Menschen, die unter chronischen Krankheiten leiden, die Situation wesentlich zu verbessern vermag.

Die **Muskelaktivität** setzt einen Reiz, der aktuelle Umstellungen und (bei regelmäßiger Wiederholung) relativ stabile strukturelle und funktionelle **adaptive Modifikationen** bewirkt. Diese sind in der korrekten und maßgerechten Gestaltung auch beim Vorliegen chronischer Erkrankungen effektiv, während der Bewegungsmangel eindeutig negativ zu beurteilen ist. Es gilt auch hier grundsätzlich das Prinzip **„Tätigkeit stärkt, Untätigkeit schwächt"**. Krankheit, Altern und Untätigkeit haben nicht nur vergleichbare Effekte, sondern gehen oftmals zusammen und addieren sich in ihren Wirkungen; eine bewußte und gezielte angemessene körperliche Aktivität vermag eine solche „Eskalation" von Negativentwicklungen aufzuhalten.

Die Aktivität wirkt, was beim Vorliegen chronischer Erkrankungen besonders spürbar ist, der Inaktivitätsatrophie, dem „Kräfteverfall" entgegen. Der Nichtgebrauch der Muskulatur macht schlapp, hinfällig und kraftlos — eine Entwicklung, die den chronisch kranken alten Menschen besonders beeinträchtigt.

Die körperliche Aktivität senkt die Schmerzempfindlichkeit! Die Begründung dafür wird im Kapitel 12 gegeben. Eine solche Konsequenz senkt den Medikamentenverbrauch, wodurch auch das Risiko von Nebenwirkungen herabgesetzt wird.

Besonders wesentlich sind für den chronisch kranken alten Menschen die psychischen Wirkungen der belebenden und aufmunternden gezielten Muskelaktivität. Bei den objektivierbaren organismischen Reaktionen ist die Aufhellung der Stimmung über den Endorphinmechanismus, die gesteigerte Hirndurchblutung, die vorübergehende Steigerung der Körperkerntemperatur, die Aktivierung großer Hirnbezirke u. a. zu nennen; eine solche Grundhaltung wirkt entlastend, und sie ist von (relativem) Optimismus begleitet. Dazu gehört auch das Bild einer guten Leistungsfähigkeit und Alltagsbewältigung. Allein diese Einstellung mit ihren Rückwirkungen auf die nervale, hormonelle und immunologische Situation verzögert das Fortschreiten chronischer Leiden.

Der chronisch kranke alte Mensch vermag durch die bewußte Aktivität seine Grenzen zu erkennen und zu verschieben; er lernt, sich etwas zuzutrauen. Auch die Ablenkung vom Leiden ist zu bedenken.

Die körperliche Aktivität bietet Gewähr für eine Reihe von Allgemeinwirkungen, auf die vorstehend hingewiesen ist und auf die auch in vorangehenden Kapiteln eingegangen wurde; diese Allgemeinwirkungen schaffen Bedingungen, die mit chronischen Erkrankungen und ihrer persönlichen Wahrnehmung und Verarbeitung kontrastieren.

Die körperliche Aktivität tangiert „Alterskrankheiten" zumeist allgemein, unspezifisch, indirekt. Sie verbessert die inneren Bedingungen für die Bewältigung von Pathomechanismen, und sie prägt kompensatorische Abläufe aus. Die Rückbildung struktureller pathologischer Alterationen auf dem Wege der bewegungsbedingten Adaptation ist wahrscheinlich nur in seltenen Einzelfällen gegeben; funktionelle Abweichungen dagegen können durch regelmäßige Aktivität zielorientiert verbessert bzw. normalisiert werden. Bei den einzelnen „Alterskrankheiten" sind die konkreten adaptiven Reaktionen recht repräsentativ für das bedingungsabhängige Geschehen.

21.1 Bluthochdruck

Ein arterieller Bluthochdruck liegt vor, wenn Druckwerte von 160/95 mm Hg ständig überschritten werden; ein solcher Befund ist unter alten Menschen weit verbreitet. Er ist ein Risikofaktor für weitere körperliche

Störungen. Eine medikamentöse Therapie hängt vom Schweregrad ab; Diät (salzarm, Normalgewichtigkeit) sowie eine regelmäßige körperliche Aktivität sind angezeigt.

Körperliche Aktivität beeinflußt in der Mehrzahl der Fälle die Blutdruckregulation positiv. Ein solcher Einfluß ist vorrangig aus einer Herabsetzung des peripheren Gefäßwiderstandes über eine Minderung der arteriellen Wandspannung zu erklären. In Abhängigkeit von der Art und der Dosierung des Trainings (s. u.) hält die aktuelle Absenkung des systolischen Blutdrucks für etwa eine Stunde bis zu einem Tag an. Mit einer Dauerwirkung ist zu rechnen, wenn es nach mehrmonatigem Training (2-3 x wöchentlich) zur Übernahme eines aktiven Lebensstils gekommen ist. Die trainingsinduzierte Umstellung des vegetativen Nervensystems in Richtung auf einen Parasympathikotonus trägt zu dieser positiven Entwicklung bei.

Körpergewichtsverlust und psychische Entspannung, die im allgemeinen das Training begleiten, beeinflussen das Verhalten des arteriellen Blutdrucks ebenfalls günstig.

Das alterssportliche Training des Hypertonikers ist ein moderates extensives Ausdauertraining. Allein die Ausdauer erweist sich als wirksam bei der Absenkung des arteriellen Drucks.

Die wiederholt vertretene Auffassung, daß allein Übungen, die in senkrechter Körperhaltung ausgeführt werden, blutdruckwirksam sind, läßt sich nicht aufrecht erhalten. Zweifellos erweisen sich **Gehen, Wandern, Marschieren, Laufen** und auch **Skilaufen** als besonders effektiv, jedoch können auch **Schwimmen, Rad-**

fahren, Ballspiele, Tanzen, Reiten u. ä. durchaus eine Blutdrucksenkung im Gefolge haben.

Bei der Darlegung der allgemeinen Trainingsprinzipien im Alterssport wurde nachdrücklich gegen hohe Belastungsintensitäten Stellung bezogen. Die Intensitätsvorbehalte sind noch mehr angebracht beim Alterssport des Hypertonikers. Der 70jährige und ältere Hypertoniker kann bei ausreichender Kondition z. B. mehrstündige Wanderungen unternehmen und daraus Vorteile ziehen; ein 100-m-Sprint dagegen kann bis zum Myokardinfarkt oder Herzkammerflimmern, d. h. zum Sekundenherztod, führen. Zur Hypotonie im Alter gehört mit Konsequenz das Trainingsprinzip **„Lang-und-langsam"**.

Kraftübungen mit dem eigenen Körpergewicht oder mit geringen Zusatzlasten müssen dem Hypertoniker bei der Kräftigung der zur Abschwächung neigenden Muskeln (s. Kap. 3) zugestanden werden. Derartige Übungen sind jedoch langsam auszuführen bei strikter Vermeidung der Preßatmung. Gerade die Preßatmung, die gesetzmäßig mit einem reflektorischen Anstieg des systolischen und diastolischen arteriellen Drucks einhergeht, kann für den älteren Hypertoniker Anlaß zu ernsthaften Zwischenfällen sein. Dehnübungen sind bei richtiger Atmung stets nach der Methode des Stretching durchzuführen. Statische (isometrische) Belastungen sollten grundsätzlich unterbleiben.

Es empfiehlt sich sehr, daß der Übungsleiter bei Hypertonikergruppen oder der Hypertoniker selbst bei kurzen Unterbrechungen der Trainingseinheit oder danach den Blutdruck mißt. In der Mehrzahl der Fälle wird das „Senkungsphänomen" des arteriellen Blutdrucks nach körperlicher Beanspruchung seine psychische Wirkung nicht verfehlen und als Motivation für ein regelmäßiges Sporttreiben zur Geltung kommen.

21.2 Periphere Durchblutungsstörungen

Periphere Durchblutungsstörungen beruhen beim alten Menschen auf sklerotisch bedingter Einengung der Arterien in der Extremitätenperipherie; es sind überwiegend die Beine betroffen. Das Leiden äußert sich vor allem in krampfartigen Schmerzen nach einer bestimmten Belastungsdauer, z. B. in Gestalt einer Gehstrecke.

Die gezielte Bewegung gehört in jedem Fall zur Behandlungsstrategie der peripheren Mangeldurchblutung. Der Alterssport gewinnt den Stellenwert einer Therapie. Ein **mildes Ausdauertraining** nach dem Intervallprinzip jeweils bis zur lokalen Schmerzgrenze vermag Kollateralkreisläufe zu aktivieren, die Sauerstoffextraktion aus dem Blut zu erhöhen und die aerobe Stoffwechselkapazität zu steigern. Die Dauer schmerzfreier Belastung nimmt bei regelrechtem Vorgehen stetig und rasch zu. Die Einordnung in eine Alterssportgruppe ist dann vollauf möglich.

Beim Betroffensein der Beine sind folgende Sportformen zu empfehlen: **Wandern** (auch in hügeligem Gelände), **Radfahren, Ballspiele, Tanzen; Schwimmen** ist allein in warmem Wasser anzuraten, **Laufen** setzt eine gute Kondition und weitgehende Beschwerdefreiheit voraus. **Treppensteigen** ist sehr geeignet. Tägliche **Fußgymnastik** ist unerläßlich. Die Übungsform sollte dynamisch sein, statische Übungen sind zu meiden.

Gutes Schuhwerk und konsequente Fußpflege sind eine Notwendigkeit. Riskante Bewegungen sind auszuschließen, da die Heilungstendenz peripherer Verletzungen schlecht ist. Der regelmäßige Sportbetrieb ist für die betroffenen alten Menschen auch ein Instrument, solche durchblutungsbezogenen Risikofaktoren wie Rauchen, Übergewicht und Bluthochdruck zu mildern.

21.3 Angina pectoris, Zustand nach Herzinfarkt

Die bedeutende Mehrheit der im Alter vom Herzen ausgehenden Störungen ist primär zurückzuführen auf eine **Diskrepanz des Sauerstoffangebots und des Sauerstoffbedarfs** durch den Herzmuskel. Dieser Mangelsituation liegt im Regelfall eine arteriosklerotisch bedingte Einengung und Rigidität einer oder mehrerer Koronararterien zu Grunde; die Konsequenz ist eine Mangeldurchblutung, verbunden mit ungenügender Sauerstoffzufuhr. Vorübergehende Spasmen der Arterien können das gegebene Defizit zeitweise noch verstärken. Ein solcher Einschnitt in die Sauerstoffversorgung des Herzmuskels geht in der Regel einher mit Schmerzen in der Herzgegend (in den Rücken bzw. linken Arm ausstrahlend), Engeempfinden im Brustkorb, Unruhe und Angst. Hält eine solcher Zustand des Durchblutungsengpasses über längere Zeit an, kann der unterversorgte Teil des Herzmuskels stark geschädigt werden bis hin zum Zelltod. Dieses Endstadium des Zirkulationsstops ist der Infarkt, der in etwa der Hälfte des Fälle überlebt wird bzw. tödlich verläuft.

Der Herzmuskel macht 0,5 % des Körpergewichts aus, er benötigt jedoch 5 % des von ihm selber geförderten Blutes. Für eine solche Anforderung reicht angesichts sklerotischer (und spastischer) Gefäßverengung die Transportkapazität für sauerstoffangereichtertes Blut nicht aus. Passagehindernisse, die mehr oder weniger eine solche Situation bewirken, kommen bei alten Menschen häufig vor. Als Besonderheit ist der Umstand zu werten, daß der Herzmuskel nicht über die enzymatischen Voraussetzungen verfügt, um den anaeroben Stoffwechsel zu mobilisieren; bei unzureichender Sauerstoffzufuhr tritt kurzfristig eine Gewebeschädigung ein.

Das **Ausdauertraining** ist in der Lage, eine Anpassungswirkung des Herzens auf drei Ebenen zu erreichen: Weitergestellte arterielle Blutgefäße, eine auf Sauerstoffverwertung ausgelegte Zellstruktur und eine sauerstoffsparende Funktionsökonomie. Das Training vergrößert adaptiv die Durchlaßfähigkeit der Blutgefäße, in der Zelle verstärken sich solche Organellen, die für die Verwertung des Sauerstoffs zuständig sind, und die Herzfunktion adaptiert sich in der Weise, daß für eine vergleichbare Leistung weniger Sauerstoff benötigt wird. Ein Vorgehen gegen Durchblutungsstörungen des Herzens ohne Zuhilfenahme des Ausdauertrainings gilt inzwischen fast als ein Kunstfehler. Je eher ein solches präventives Herangehen beginnt, desto erfolgversprechender ist der Ansatz. Es gilt jedoch nachweislich in diesem Zusammenhang die These „es ist nie zu spät". Die ausdauerinduzierten Adaptationsmechanismen erfassen auch das vorgeschädigte Herz des alten Menschen. Diese Feststellung wird dadurch erhärtet, daß Hunderte (!) von Menschen, die einen Herzmuskelinfarkt überstanden haben, an Marathonläufen teilnehmen. Ernsthafte Zwischenfälle sind nicht bekannt geworden. Die Betroffenen stellen fest, daß sie nach dem Infarkt und dem anschließenden Training wesentlich leistungsfähiger sind als vor dem Ereignis. Dieser Sachverhalt bringt zum Ausdruck, daß es allgemeingültige Empfehlungen für den Alterssport bei vorliegenden Zeichen einer Mangeldurchblutung des Herzens nicht geben kann. Die kontrollierten Leistungsfortschritte wie der aktuelle Herzbefund entscheiden über das Pensum.

Über keine Erkrankung wurde bislang ein so umfangreiches Wissen im Zusammenhang mit dem Sporttreiben zusammengetragen wie über die Durchblutungseinschränkung des Herzens; die gewonnenen Einsichten sind für den Alterssport von genereller Stichhaltigkeit. Das Herangehen ist mit ansteigender Kenntnis der Wirkungen, Nebenwirkungen und Risiken zunehmend mutiger geworden.

Untersuchung und Beratung durch einen sportmedizinisch erfahrenen Arzt sind für den Alterssportler mit Herzproblemen unerläßlich; der betroffene Alterssportler sollte seinen betreuenden Arzt regelmäßig über seinen Leistungszustand und seine Wahrnehmungen während und nach dem Training informieren.

Das Training ist auf moderate ausdauernde Belastungen orientiert, die der Leistungsfähigkeit und der Tagesform angepaßt sind. Spaß und Wohlbefinden beim Sporttreiben sind für den Effekt notwendig.

Besonders geeignet sind für die Verbesserung der Durchblutungsnot bei alten Menschen einmal mehr die Sportarten mit zyklischem Bewegungsablauf wie **Wandern, Laufen, Radfahren, Skilanglauf, Schwimmen, Eislaufen**; auch das **Tanzen** ist zu empfehlen, und die **Gymnastik** ist stets angebracht. Inzwischen wird auch bezüglich azyklischer Sportformen großzügig verfahren. **Segeln, Kegeln** und **Ballspiele** einschließlich der Rückschlagspiele **Tennis, Tischtennis** und **Federball** lassen sich empfehlen; selbst das **Bodybuilding** kommt in Frage.

Die einzuhaltenden Vorsichtsmaßregeln müssen bekannt sein. Die häufigsten Zwischenfälle gehen beim Sporttreiben mit der Zielsetzung, die Herzfunktionen zu verbessern, von den Gelenken aus! Die sachbezogene Prävention ist vordringlich; die Gelenke sind in der folgenden Reihenfolge der Häufigkeit betroffen: Sprung-, Knie-, Schulter-, Hüftgelenke. Es versteht sich von selbst, daß der Wirbelsäule eine besondere präventive Aufmerksamkeit zugewandt werden muß.

Das gründliche Warmmachen (langsam angehen lassen!) ist nicht nur aus den Gründen wichtig, die bereits erwähnt sind. Durch das Aufwärmen muß der Herzdurchblutung Gelegenheit gegeben werden, sich auf die nachfolgenden Anforderungen einzustellen. Dieser Prozeß benötigt beim Altersherzen bedeutend mehr Zeit als beim Herzen des jungen Menschen; relativ hohe Intensitäten „aus dem Stand" sind risikobehaftet.

Preßatmung und abrupte Änderung der Körperhaltung sind zu vermeiden. In jeder Trainingseinheit sind kurze Pausen zu gewähren. Im Falle stärkeren Schwitzens müssen Getränke angeboten werden.

Bei Ballspielen existiert ein Überforderungsrisiko „in der Hitze des Gefechts". Zu bedenken sind stets die psychischen Sachverhalte, die sich aus der belastungsbedingten Anhebung der Stimmungslage und der Abschwächung von Schmerzempfindungen ergeben. Auf dieser Grundlage steigt die Leistungsbereitschaft und mögliche herzbezogene Symptome werden weniger wahrgenommen. Unter derartigen Bedingungen sind bereits geringe Beschwerden als Alarmsignal zu werten.

Kontraindikationen für eine Aktivität im Sinne des Alterssports sind bei vorliegenden Verengungsreaktionen der Herzgefäße u. a. erheblicher Anstieg des systolischen Belastungsblutdrucks, gravierende Rhythmusstörungen des Herzens, weitere akute Erkrankungen (z. B. Infekte), beginnende Herzinsuffizienz (Ödeme, Atemnot), Thromboseneigung. Es ist Zurückhaltung geboten bei Hitze, in Höhenlagen (> 1500 m), bei psychischer Belastung, bei stark gefülltem Magen, nach Alkoholgenuß u. ä.

Zur Überwachung beim Sporttreiben gelten folgende Abbruchkriterien:

- auffällige Störung der Bewegungskoordination,
- Herzschmerz,
- Schwindel,
- Übelkeit,
- Atemnot,
- unerwarteter Schweißausbruch;

weiterhin Blässe, Zyanose, starker Anstieg der Herzschlagfrequenz, Arrhythmien des Herzschlages, Blutdruckschwankungen.

Das Risiko eines tödlichen Zwischenfalls bei der qualifizierten Sportausübung durch alte Menschen, die an einer chronischen Unterversorgung ihres Herzmuskels mit Sauerstoff leiden, ist minimal. Dennoch liegt dieses Risiko um ein Mehrfaches höher als unter Ruhebedingungen. Das angemessene Sporttreiben wird aber mit Nachdruck empfohlen, weil die erreichbaren Vorteile die Risiken weit überwiegen. Insgesamt haben die kunstgerecht aktivierten älteren Infarktrehabilitanden und Infarktkandidaten eine hochsignifikant geringere Sterblichkeit als vergleichbare unsportliche Menschen.

Bezeichnend ist, daß es in Deutschland, bezogen auf die Anzahl der Alterssportler, die meisten vom Herzen ausgehenden Zwischenfälle im Kegeln gibt. Die Art der Belastung (Schnellkraft, Preßatmung) und die mitunter pro blematische Form der Geselligkeit (Alkohol, Tabak) sind für dieses partielle Negativimage des Kegelns im Alterssport verantwortlich.

Der Herzmuskel, der bis ins hohe Alter ohne Unterbrechung tätig sein muß, profitiert im fortgeschrittenen Alter wie kaum ein anderes Organ von der regelmäßig ausgeführten ausdauernden Muskelaktivität. So sind Erkrankungen des Herzens im Alter einer positiven Beeinflussung durch den sachgerechten Sport zugänglich. Über das konkrete individuell zugeschnittene Vorgehen entscheidet in jedem einzelnen Fall der Arzt entsprechend der Befundlage. Die Trainingsprinzipien haben jedoch die moderate Ausdauerbelastung zur Grundlage. Der angemessene Alterssport ist möglich bei voll kompensierten Myokardschäden oder nach Bypassoperationen, bei Klappenprothesen, bei eingesetzten Schrittmachern und selbst nach Herztransplantationen. Kardiologische Beratung und Kontrolle sind unerläßlich; das Training läßt auch in diesen Fällen Vorteile erwarten.

21.4 Emphysem, chronische Bronchitis

Dem Lungenemphysem liegt ein Verlust an elastischem Lungengewebe zu Grunde. Eine solche Negativentwicklung läßt sich mehr oder weniger ausgeprägt bei nahezu allen Menschen im fortgeschrittenen Alter beobachten. Das Ergebnis ist ein bleibender Blähungszustand der Lungenalveolen, wodurch ihre Ventilation, d. h. der Wechsel der Atemluft, verschlechtert wird; es verbleibt verstärkt „verbrauchte" (O_2-arme) Luft in der Lunge, und auf dieser Grundlage stellt sich die Sauerstoffversorgung des Körpers beeinträchtigt dar. Ein solcher Verlauf fördert wiederum Alternsprozesse und erhöht die Erkrankungsanfälligkeit.

Die Gesamtkonstellation führt relativ häufig zum Auftreten einer chronischen Bronchitis; der sich bildende Schleim engt die Atemwege ein (chronisch obstruktive Emphysembronchitis). Auf diesem Wege gerät die Atmung zunehmend in eine Insuffizienz; auch das Herz wird durch den Verlust an Lungengewebe belastet. Rauchen und Luftverschmutzung fördern die genannte Entwicklung.

Die gezielte Prävention der Schmälerung der Atmung muß spätestens im mittleren Lebensalter beginnen. Aber auch hier gilt einmal mehr der Grundsatz „es ist nie zu spät". Das mit Abstand wirksamste Mittel der Vorbeugung degenerativer Erscheinungen ist der Gebrauch der Lungenventilation durch sportliche Aktivitäten und sachgerechte Atemgymnastik.

Im Alterssport ist stets von Einschränkungen der Atmung auszugehen. Die Konsequenz einer solchen Sachlage ist einmal mehr die Meidung hoher Intensitäten. Die Bewegungsintensität regt das Atemsystem zwar zu besonderer Adaptation an, sie schließt jedoch auch Risiken einer vorübergehend ungenügenden Sauerstoffversorgung ein. Das Szenarium der Atmung ist Anlaß, im Alterssport niedrige Intensitäten zu praktizieren.

Jedem Alterssportler ist ein bemerkenswertes Phänomen geläufig. Wenn die Aktivität zu einem gewissen Grad an innerer Erwärmung geführt hat, kommt es zum Abhusten von Schleim, der oftmals als zähe Masse in den Lungenalveolen und Bronchien festsitzt. Bei körperlicher Aktivität kommt es zu einer Verflüssigung des Schleims im gesamten Atemtrakt. Dieser verdünnte Schleim kann dann mühelos ausgeworfen werden. Hinzu kommt eine belastungsbedingte Erweiterung der Atemwege (Bronchospasmolyse), so daß insgesamt die Atembehinderung vermindert und freie Bahn für die Atemluft geschaffen wird. **Der Alterssport fördert die Selbstreinigung der Atemwege und macht die Atmung frei.**

Wenn es um den im Alter nahezu obligaten Zustand des Lungenemphysems und um die weit verbreitete chronische Bronchitis geht, sind die Schlußfolgerungen aus den vorstehenden Angaben einfach. Die Folgen eines Lungenemphysems und einer chronischen Bronchitis lassen sich mit den Mitteln des Alterssports direkt mildern. Zunächst sind die im Kapitel 8 gegebenen Hinweise zur Atemtechnik zu beachten. Die empfohlenen Richtlinien der Lungenventilation während der Aktivität brauchen erfahrungsgemäß lediglich zu Beginn des regelmäßigen Trainings bewußt eingeübt zu werden; sie gehen nach kurzer Zeit als Stereotyp in die Lungenventilation ein. Eine gezielte Atemgymnastik, die zu jeder Trainingseinheit gehört, ist auf die maximale Ein- und vor allem auf die maximale Ausatmung gerichtet. Ein solches Vorgehen läßt sich auch praktizieren, ohne z. B. das Wandern, das Laufen, das Radfahren u. a. zu unterbrechen. Die tiefe Ausatmung ist neben der inneren Erwärmung ein wirksamer Stimulus zur Krampflösung der Bronchien und zum Abhusten von Schleim. Anzuraten ist weiterhin, gelegentlich das Tempo so zu gestalten, daß die Atmung in das Bewußtsein tritt und daß in dieser Phase die gegebenen Ratschläge angewendet werden.

21.5 Diabetes mellitus

Beim Diabetes mellitus handelt es sich um eine weit verbreitete Kohlenhydratverwertungsstörung. Die „Zuckerkrankheit" wird den sog. Zivilisationskrankheiten zugerechnet; sie ist eine Wohlstandskrankheit; die Anzahl der

Betroffenen ist in stetem Anstieg begriffen. Allein die letztgenannten Namensgebungen deuten darauf hin, daß der Bewegungsmangel fördernd wirkt beim Manifestwerden eines Diabetes mellitus.

Mehr als 90 % aller Diabetesfälle wurden durch den Typ-II-Diabetes repräsentiert, der auch als „Altersdiabetes" bezeichnet wird. Bei dieser Krankheitsform liegt ein relativer Insulinmangel vor; das bedeutet, daß die Empfindlichkeit der Körpergewebe, insbesondere die der Muskulatur, gegenüber Insulin herabgesetzt ist. Die Konsequenz besteht darin, daß trotz erhöhten Insulinspiegels im Blut die Insulinwirkung ungenügend ist und daß die Glukosekonzentration ansteigt. Die **Konzentrationserhöhungen von Insulin und Glukose** können kurz-, mittel- und langfristig negative gesundheitliche Auswirkungen haben.

Die nachfolgenden Ausführungen beziehen sich allein auf den sog. Altersdiabetes, der auf Muskelaktivität in bezeichnender Weise positiv reagiert.

Der regelmäßigen alterssportlichen Aktivität eines Diabetikers muß eine ärztliche Untersuchung und sportbezogene Beratung vorangehen. Diät, Medikamente und körperliche Aktivität müssen aufeinander abgestimmt sein; es existiert hier eine enge wechselseitige Abhängigkeit.

Eine wichtige Funktion des Insulins ist sein Beitrag zur Einschleusung der Blutglukose durch die Zellwand in das Zellinnere, wo die Glukose als Energiesubstrat benötigt wird. Beim Durchtritt der Glukose durch die Zellmembran wirken Insulin und Muskelaktivität additiv. Die Muskelkontraktion stimuliert den Eintritt der Glukose in die Zelle; die Anzahl und die Aktivität der Glukosetransporteure in der Zellwand steigen durch Muskelaktivität an. Die Glukoseverwertung kann auf diese Weise zunehmen, selbst bei absinkendem Insulinspiegel. In der Realität fallen Insulin- und Glukosespiegel im Blut unter Muskelaktivität ab. Diese Öffnung der Zellwände für Glukose wirkt der diabetischen Stoffwechsellage belegbar und wirkungsvoll entgegen. Die Effektivität des Insulins wird gewissermaßen gesteigert. Die Glukosetoleranz wird markant erhöht, der Insulinbedarf der aktivierten Körpergewebe nachhaltig gesenkt.

Für welchen Zeitraum „öffnet" die Muskelaktivität die Zellwände für Glukose? Die Angaben über die Dauer der Wirkung schwanken zwischen wenigen Stunden bis zu einer Woche. Die Stärke der vorangegangenen Belastung, individuelle Reaktionsweise u. v. a. spielt eine Rolle. **Die Forderung läuft auf die Regelmäßigkeit des Alterssports und auf einen aktiven Lebensstil hinaus.**

Für die Art der zu empfehlenden Aktivität gelten die im Kapitel 15 gegebenen Richtlinien. Das Herangehen ist besonders wirkungsvoll, wenn große Muskelpartien in die Aktivität einbezogen werden. **Gehen, Wandern, Marschieren, Laufen, Schwimmen, Radfahren, Skilaufen** sind besonders effektiv. Aber auch **Ballspiele, Tanzen, Tennis, Kraftsport** u. ä. kommen in Betracht. Wichtig bleibt die Aktivierung im Alltagsleben wie Gehen, Treppensteigen, Gartenarbeit, Spielen mit den Enkeln, den Hund ausführen usw. Beim Sportbetrieb ist die Belastungsintensität relativ niedrig zu wählen. Die Intensität ist zwar wirksam in der gewünschten Richtung, sie hat jedoch im Alterssport durchgehend zurückzutreten. Die Effektivität der Belastungsdauer ist durchaus überzeugend gegeben.

Beim Sporttreiben des Diabetikers ist zu beachten, daß der Blutzuckerspiegel stark abfallen kann (Hypoglykämie); ein solcher Zustand ist durch Schwäche und Heißhunger, evtl. durch Schweißausbruch und Torkeligkeit gekennzeichnet. Unverzügliche Zuckerzufuhr schafft nahezu augenblicklich Abhilfe. Der diabetische Alterssportler muß Süßigkeiten (~ 30 g) bei sich haben; bei sportlicher Erfahrung, d. h. die Hypoglykämie wird frühzeitig wahrgenommen, beseitigt auch Brot o. ä. kurzfristig den bedenklichen Zustand der Unterzuckerung. Der sportlich unerfahrene Diabetiker sollte in Gesellschaft Sport treiben; die Mitsportler sollten über den vorliegenden Diabetes in Kenntnis gesetzt werden. Nach einer extensiven abendlichen Trainingseinheit kann es zu einer nächtlichen Hypoglykämie kommen. Ernsthafte Zwischenfälle sind in diesem Zusammenhang noch nicht bekannt geworden; sofortige Kohlenhydrataufnahme beseitigt den Zustand fast schlagartig.

Für das Sporttreiben bei vorliegendem Altersdiabetes ist die Regelmäßigkeit (2 – 3 x wöchentlich) besonders wichtig. Es gelingt auf diese Weise, die Wirkung des körpereigenen Insulins zu steigern und auf diesem Wege bei kompensiertem Stoffwechsel die Insulinkonzentration im Serum auf Dauer zu senken. Ein hoher Insulinspiegel infolge geringer Ansprechbarkeit der Insulinrezeptoren ist inzwischen als ein vielfältiger Risikofaktor für die Gesundheit identifiziert worden. Weiterhin regt Insulin Hungerempfindungen an; eine Absenkung der Insulinsekretion wirkt, wie die körperliche Aktivität selber, dem Risikofaktor Übergewicht entgegen.

Bei Altersdiabetikern ist in besonderem Maße mit **Bluthochdruck** und **Durchblutungsstörungen** (Herz, Beine, Auge) zu rechnen. Diese Befunde sind eine weitere Indikation für eine körperliche Aktivität. Dabei wird einmal die Stoffwechselsituation verbessert und weiterhin der Insulinspiegel abgesenkt. Beide Effekte mildern somit direkt Risikofaktoren für das Auftreten arteriosklerotischer Gefäßveränderungen. Weiterhin werden adaptive Veränderungen der Gefäßreaktionen bewirkt, die die Hypertonie und die Mangeldurchblutung positiv beeinflussen (s. Kap. 21.1 und 21.2).

Der Altersdiabetes ist gewissermaßen der letzte Akt einer vieljährigen Entwicklung. Der Diabetesmanifestation ist zumeist über Jahrzehnte hinweg eine zunehmende Störung der Kohlenhydrattoleranz vorangegangen; man spricht von einer prädiabetischen Stoffwechsellage. In dieser Phase nehmen auch die typischen diabetischen Spätschäden ihren Anfang. Lebenslanges Sporttreiben in Verbindung mit bedarfsgerechter Ernährung vermag eine derartige Entwicklung aufzuhalten, zu mildern oder in spätere Lebensabschnitte zu verschieben. Aber auch hier gilt das Prinzip, daß ein später Beginn noch Nutzen verspricht. Die Muskelaktivität hat in jedem Lebensalter einen korrigierenden Effekt.

Der sporttreibende Altersdiabetiker muß ein besonderes Augenmerk auf die Verletzungsvermeidung richten. Die Wundheilung, vor allem in der Körperperipherie, ist erschwert; Wundinfektionen sind häufig. Auf sportgerechtes Schuhwerk ist zu achten.

Altersdiabetiker leiden überdurchschnittlich häufig an Schlafstörungen und depressiven Verstimmungen. Die regelmäßige körperliche Aktivität vermag nachweislich Abhilfe oder Milderung zu verschaffen. Die körperliche Aktivität verhilft dem Diabetiker zu mehr Körpererfahrung und Körpersensibilität in Bezug auf sein chronisches Leiden; eine solche Voraussetzung ermöglicht eine zuverlässigere Selbstkontrolle.

Das Sporttreiben hat beim altersdiabetischen Menschen einen weitreichenden Einfluß auf seine Diät und auf die gegebenenfalls stattfindende Medikation (orale Antidiabetika). Hier ist Aufklärung und Beratung durch einen spezialisierten Arzt sowie der selbständige Wissenserwerb geboten; der Erfahrungsaustausch mit sporttreibenden Diabetikern (auch jüngeren) ist wichtig! Die höhere Energiebereitstellung durch die Muskelaktivität kann der sportliche Diabetiker über die Nahrung ausgleichen, ohne die Stoffwechseleinstellung zu stören. Mitunter können orale Diabetika in der Dosierung zurückgenommen oder abgesetzt werden! Sporterfahrene Diabetiker verstehen es, Diät und Medikation der Belastung anzupassen. Ein solches selbständiges Vorgehen sollte allerdings in gewissen Abständen auf seine individuelle Brauchbarkeit kontrolliert werden.

21.6 Arthrose, Osteoporose

Arthrosen sind **degenerative Veränderungen gelenkbildender Knochenpartien**; den arthrotischen Knochenstörungen gehen Aufbraucherscheinungen des Gelenkknorpels voraus. Die Gelenke sind „Verschleißteile" des Körpers. Angesichts steigender Lebenserwartung müssen zunehmend mehr Menschen mit Beschwerden, die von abgenutzten Gelenken ausgehen, leben; Arthrosen sind zwar nicht lebensbedrohlich, sie können die Lebensqualität allerdings erheblich mindern.

In den Kapiteln 3 und 6 sind bereits theoretische wie praktische Darlegungen zur Thematik Alterssport und Arthrose/Spondylose gemacht. **Das prinzipielle Anliegen besteht immer wieder darin, die jeweils zuständige Muskulatur in erwärmtem Zustand durch geeignete, d.**

h. gelenkschonende Übungen zu kräftigen und gleichzeitig für das arthromuskuläre Gleichgewicht zu sorgen. Kräftigung und Dehnung sind gleichermaßen wichtig; im Regelfall geht aber, vor allem im Bereich der Wirbelsäule, Kraft über Beweglichkeit!

Im Alterssport lassen sich arthrotische oder spondylotische Beschwerden durch gezielte kräftigende, dehnende und lockernde Übungen mildern oder im günstigen Fall ganz zum Verschwinden bringen; mit Nachdruck sei noch einmal betont, daß die gewählten Übungen anatomischen und orthopädischen Gegebenheiten gerecht werden müssen; anderenfalls ist mit einer Verschlimmerung der Beschwerden zu rechnen. Zahlreiche Übungselemente früherer „Ruck-Zuck-Gymnastik“ sind riskant für die Gelenkstrukturen. Der Alterssportler muß z. B. einer Gymnastik den Vorzug geben, die ihm von einem Sportlehrer oder qualifizierten Übungsleiter empfohlen wird. Die Mißempfindensgrenze darf bei den Übungen nie überschritten werden.

Der Osteoporose ist mit dem Kapitel 3.5 bereits ein eigener Abschnitt gewidmet. Es handelt sich bei der Osteoporose um ein Bild, das in jüngster Zeit eine bemerkenswerte Aufmerksamkeit der Medien und selbst der Gesundheitspolitik gefunden hat.

Eine mehr oder weniger ausgeprägte Osteoporose ist eine durchgehende Erscheinung bei alten Menschen. Die vor allem hormonell, ernährungsmäßig und durch Entlastung bedingte Osteoporose kann schmerzhaft sein, und sie begünstigt die zahlreichen Knochenbrüche bei alten Menschen (z. B. Unterarm, Schenkelhals) in entscheidendem Maße (Sprödbruch). Bildhaft-übertrieben läßt sich der mineralienverarmte osteoporotische Knochen mit einer Salzstange vergleichen; die Brüchigkeit ist in diesem

Vergleich anschaulich vorstellbar. Für den Sport ist dieses Krankheitsbild vor allem deshalb von hohem Interesse, weil mechanische Stimuli die Situation auch in fortgeschrittenem Alter deutlich zu verbessern vermögen; die Strapazierbarkeit des Knochens ist auf diesem Wege im fortgeschrittenen Alter noch zu steigern und die Bruchschwelle läßt sich erhöhen.

Die bis in unsere Zeit hinein wirkende Auffassung, daß ausschließlich Druckbelastungen einen Knochenaufbau bewirken, ist nicht haltbar. Zweifellos ist der mechanische Druck der stärkste Stimulus für ein Knochenwachstum, jedoch läßt sich auch durch Scherbelastungen oder allein durch Muskelzug adaptiv eine Knochenverdichtung auslösen. Die osteoporose-orientierte Gymnastik muß diese Einsicht berücksichtigen. Treten nach dem Sport Beschwerden auf, wurde die therapeutische Grenze eindeutig überschritten.

21.7 Gicht

Die Gicht (Arthritis urica; Podagra) ist eine **Stoffwechselerkrankung**, die sich vorrangig **an Gelenken manifestiert.** Es kommt zur Ausscheidung und Kristallisation harnsaurer Salze in Gelenken; dort kann eine Knotenbildung eintreten. Bevorzugt ist das Großzehengrundgelenk beteiligt. Die Erbanlage spielt für die Entstehung der Gicht eine Rolle; es sind überwiegend Männer betroffen. Chronischer Alkoholgenuß, Übergewicht, einseitige Ernährung (proteinreich) fördern das Auftreten; diese Gegebenheit bedingt zwingend das Einhalten einer **sachgerechten Diät.**

Subjektiv wird die Gicht vor allem durch heftigen Schmerz gekennzeichnet, der oftmals anfallsartig und nachts einsetzt. Ein solches Leitbild macht den Befallenen in besonderem Maße aufgeschlossen und zugänglich für ein therapeutisches Herangehen, das auch auf den Sport setzt.

Das Maßhalten ist bei der Gicht ein generelles Prinzip; das gilt auch für Intensität und Umfang einer Trainingseinheit. Es sollte relativ oft und nicht sonderlich eingreifend belastet werden! Die Gelenkstrukturen und auch die Niere benötigen Zeit, um die Belastungsreaktion zu verarbeiten.

Intensive (anaerobe) Belastungen und lokale Überlastungen (Füße!) sind zu meiden. Das Übergewicht erschwert das Herangehen in manchen Fällen. Ausreichendes Trinken muß gewährleistet sein.

Folgende Sportformen sind zu empfehlen: **Schwimmen** (relativ warmes Wasser), **Gymnastik, Radfahren** (Pedaldruck nicht auf den Ballen), **Kanu** und **Rudern, Reiten, Tanzen** und **Wandern** (gutes Schuhwerk, Schonung des Großzehengrundgelenks).

22 Sport bei Medikamenteneinnahme

Körperliche Aktivität beeinflußt in vielen Fällen die Wirkung von Medikamenten. **Für den Alterssportler ist unter diesem Aspekt eine ärztliche Beratung erforderlich.**

Fast jeder Sporttreibende kennt den Befund, daß bereits ein einziges Glas Bier direkt nach der Trainingseinheit schnell „in den Kopf geht"; über den aktivierten Kreislauf erreicht der Alkohol kurzfristig ein verstärkt ansprechbares zentrales Nervensystem.

Einleuchtend ist auch die gesteigerte (beschleunigte) Wirkung subkutan injizierten Insulins. Mit dem verstärkten Spüleffekt des angeregten Kreislaufs ist dieser Effekt erklärbar. Ein hypoglykämischer Schock kann die Folge sein. Sporterfahrene insulinpflichtige Diabetiker machen nach Abstimmung mit ihrem Arzt die jeweilige Insulindosis vom aktuellen Sportbetrieb abhängig.

Betablocker und verwandte Stoffe werden alten Menschen häufig verordnet; diese Medikamente spielen eine bedeutende Rolle in der Therapie des Bluthochdrucks und des Durchblutungsmangels des Herzens. Betablocker senken und rhythmisieren die Herzschlagfrequenz, vermindern die aufzuwendende Kontraktionskraft des Herzens und seinen Sauerstoffverbrauch. Betablocker und Ausdauertraining haben eine teilweise parallele Wirkung. Die Einnahme dieser Medikamente ist mit dem Alterssport vollauf vereinbar! Dieses Medikament steigert die Belastbarkeit des Herzens und senkt den peripheren Gefäßwiderstand, so daß der Alterssport nach den gegebenen Richtlinien ohne Bedenken praktiziert werden kann.

Ephedrinhaltige Medikamente werden häufig bei Erkrankungen der Atemwege eingesetzt. Ephedrin erweitert den Atemtrakt und erleichtert damit auch den Sportbetrieb. Es regt auch die Herztätigkeit an, wodurch die Herzleistung gesteigert wird. Unter Belastung ist der Wirkungsablauf beschleunigt. Grundsätzlich ist Alterssport mit der Ephedrineinnahme vereinbar; er wirkt aber leistungssteigernd und kann Anlaß zu Überanstrengungen sein.

Interessant ist, daß Betablocker und Ephedrin im Spitzensport den Dopingsubstanzen zugerechnet werden. Die Betablocker dämpfen den Vorstartzustand (Lampenfieber) und führen zu höherer Bewegungsgenauigkeit im Wettkampf. Das Ephedrin steigert generell die Mobilisationsfähigkeit. Während Betablocker in der gängigen Dosierung im Alterstraining vollauf vertretbar sind, ist die Ephedrineinnahme mit dem behandelnden Arzt zu besprechen.

Antirheumamittel wirken u. a. schmerzmildernd. Alterssportler erhöhen erfahrungsgemäß vor einer Trainingseinheit mitunter die Dosis, um bei der Bewegungsaktivität möglichst beschwerdefrei zu bleiben. Ein solches Vorgehen ist zweischneidig. Die schmerzlindernde Wirkung läßt höhere Belastungen zu, was z. B. zur Lösung von Verkrampfungen führt und auch u. a. dem Herzkreislaufsystem zu gute kommt; die vorübergehend gesteigerte Gelenkbelastbarkeit kann aber auch zu kritischer Belastung und weiterer Abnutzung führen. Die Empfehlung lautet: Antirheumamittel im Alterssport nach Vorschrift dosieren. Erwärmende Einreibungen der Haut sind im Sport generell populär. Die gesteigerte Durchblutung der

Haut durch den Sportbetrieb erhöht die Wirkung der zumeist durchblutungsfördernden Einreibungsmittel. Hier sollte etwas zurückhaltend vorgegangen, und es müssen eigene Erfahrungen gesammelt werden.

Es ging bei den Hinweisen in diesem Abschnitt darum, die veränderte Pharmakodynamik bei körperlicher Belastung zu kennzeichnen. Der behandelnde Arzt muß befragt werden, ob und gegebenenfalls in welcher Weise Medikamenteneinnahme und stärkere Belastungen im Alterssport miteinander vereinbar sind.

23 Abschließende Bemerkungen

Der Anstieg der Lebenserwartung und die damit verbundene Zunahme des Anteils alter Menschen an der Bevölkerung, die demografische Entwicklung und der Strukturwandel im Bevölkerungsaufbau sind eine der großen Herausforderungen unserer Zeit. Das Altern ist ein gesetzmäßiger Prozeß, der in sichtbaren Rückbildungszeichen zum Ausdruck kommt; der Spielraum körperlicher Lebensäußerungen wird kleiner und der Körper wird störanfälliger. Wir brauchen unseren Körper aber länger als je zuvor. Deshalb ist der Sachstand von so hoher Bedeutung, daß exogene Einflüsse, insbesondere das persönliche Verhalten, den genetisch vorgegebenen Spielraum, d. h. Tempo und Verlauf der Alternsprozesse, maßgeblich beeinflussen. Daß am Altern nichts zu ändern sei, ist in der Verabsolutierung dieser Aussage schlicht falsch. Durch eine „naturgewollte" Lebensweise läßt sich die vom Erbgut determinierte Lebenszeit optimal nutzen. Der Abstieg ist nicht vermeidbar, aber die Stärke des Gefälles kann durch bestimmte Verhaltensweisen so flach wie möglich gehalten werden; man kann den unvermeidbaren Abstieg treiben lassen, man kann ihn beschleunigen, man kann ihn aber auch steuern. Bei den Überlegungen, wo angesichts der gegenwärtigen Lebensweise aktiv und erfolgversprechend interveniert werden kann, ergibt sich die Feststellung, daß der altersgerechte Muskelgebrauch die „Rüstigkeit" fördert. Für diese These existieren inzwischen zahlreiche wissenschaftlich begründete Belege; auch zeigt die Beobachtung und Erfahrung, daß Menschen, die in produktiver und harmonischer Rüstigkeit sehr alt geworden sind, oftmals ein körperlich aktives Leben geführt haben. Sokrates faßte bereits vor mehr als 2000 Jahren seinen Standpunkt in die Worte „es ist eine Schande, aus eigener Vernachlässigung alt zu werden".

Die angemessene Bewegung ist gesund. Diese Aussage gilt zwar für jedes Lebensalter, sie ist jedoch für den alten Menschen besonders stichhaltig. Zur alters- und zustandsgemäßen körperlichen Aktivität gibt es keine ernstzunehmende Alternative. Die gerade für ältere Menschen immer wieder gestellte Frage, ob man Sport treibt, weil man gesund ist oder ob man gesund ist, weil man Sport treibt, ist und bleibt eine Scheinfrage; es geht um die Bewegung, und der Rahmen reicht von Dauerlauf über viele Kilometer bis zum Gassigehen mit dem Hund oder dem Rekeln im Sessel.

Den Alterssport gab es bereits im Griechenland der Antike; die entsprechenden Empfehlungen gingen vor allem von der Medizin aus. In der Neuzeit hat die Gerontologie eine kurze Geschichte, und die Geschichte des Alterssportes reicht erst wenige Jahrzehnte zurück, auch wenn es immer wieder kluge und zutreffende Aussprüche zu diesem Gegenstand von bedeutenden Männern gegeben hat (z. B. Arthur Schopenhauer: Ohne tägliche gehörige Bewegung kann man nicht gesund bleiben). Nun ist der Alterssport zweifellos kein ausschließlich medizinisches Problem, und die physische Gesundheit ist nur eine Seite des Sporttreibens. Aber dennoch muß gerade die Medizin ihre Dienste im Alterssport ausdehnen. **Es geht um ein therapeutisches und vor allem präventives Bündnis zwischen Sport und Medizin.**

Das Ziel des Alterssports ist vorrangig auf den Erwerb von Fitneß gerichtet. Fitneß bedeutet die Fähigkeit, die Anforderungen des Alltags ohne stärkere Ermüdung zu erfüllen, die Freizeitinteressen wahrzunehmen und auf unvorhergesehene Situationen erfolgreich zu reagieren. Fitneß setzt einen angemessenen persönlichen Handlungsspielraum voraus. Dieser ist durchaus trainierbar, und er kennzeichnet das „erfolgreiche Altern". Die Fitneß schließt auch als psychische Komponente das Wohlbefinden ein. Wenn die Medizin auch wesentliche Seiten der Altersfitneß wissenschaftlich wie praktisch zu vertreten hat, so geht es doch nicht an, den Alterssport zu „medikalisieren". Es bedarf einer Vielzahl gesellschaftlicher Kräfte, um die Voraussetzungen für den Alterssport zu schaffen und ihn zielgerichtet und kunstgerecht zu propagieren und zu realisieren.

Der ursprüngliche Sportbegriff, der sich von disportare = sich zerstreuen ableitet, stellt sich insbesondere durch den Einfluß des Leistungssports gegenwärtig sehr eingeengt dar; der Wettkampf „Mann gegen Mann" sowie das Prinzip „schneller – stärker – höher" gelten definitionsgemäß als dem Sport immanent. Für den Alterssport gelten diese Grundsätze nur beiläufig und nur in Ausnahmefällen. Auch der Freizeit- und Breitensport jüngerer Menschen hat mit dem leistungssportlich besetzten Sportbegriff seine Probleme. Die mitunter verwendete begriffliche Dreiheit Bewegung, Sport und Spiel oder auch die übergreifende „körperliche Aktivität" sind sprachliche Kompromisse, die den Gegenstand möglicherweise etwas präziser treffen, die jedoch bezüglich Inhalte, Ziele und Wege nicht viel weiterhelfen und die vor allem dem historischen Gewachsensein des „Sports" auch nicht vollauf gerecht werden. Beim Alterssport geht es darum, den Sportbegriff sehr weit auszulegen und die altersgemäßen Inhalte und Formen zur Geltung zu bringen.

Das Problem, das dem Sport zu einer neuartigen Bestimmung verhilft, ist gegenwärtig darin zu sehen, daß sich die Ansprüche an die Willkürmotorik in Grenzen halten infolge der Auswirkungen des wissenschaftlichen, technischen und sozialen Fortschritts. Der Mensch unserer Zeit hat sich von körperlicher Mühsal befreit, er delegiert schwere körperliche Arbeiten an Maschinen und andere technische Hilfsmittel. Die Muskeln und ihre „Servicesysteme" wurden gewissermaßen abgestellt. Der Organismus ist aber für das heutige Leben, das durch Bequemlichkeit und Überfluß ausgezeichnet ist, antiquiert. Die durch die Technik radikal gewandelte Umwelt paßt insgesamt nicht mehr zur menschlichen Biologie. Wir sind zur Aktivität ausgestattet, und Inaktivität heißt Entfremdung von der Natur. Das führt zu Widersprüchen und Problemen. Dem Bewegungsmangel, d. h. der körperlichen Entlastung, folgt ein Anpassungsdefizit, verbunden mit mangelhafter Fitneß und Schwächung der Gesundheit. Wir müssen zur Kenntnis nehmen, daß die Muskelaktivität nach außen durch technische Verstärker sehr effektiv ersetzbar ist, nach innen ist das Funktionieren des massigsten Organs, der Muskulatur, jedoch nicht ersetzbar. Nicht nur der Schmerz, auch die Schwäche signalisiert Gefahr! Diese Position gilt für jedes Lebensalter; für Kinder und Menschen „im besten Alter" wird die dargelegte Argumentation bereits akzeptiert, für alte Menschen ist ihre Gültigkeit viel weniger allgemein vertraut.

Wo ist die Lösung? Zurück zur Natur, zu den ursprünglichen natürlichen Bedingungen? Das kann niemals das Ziel sein. Wandern, Tanzen, Schwimmen, Ballspielen, Radfahren usw. bedeutet doch nicht zurück zur Steinzeit.

Der Mensch ist Körper, und er hat einen Körper. Das Tier ist Körper, es wird von seinem Körper beherrscht, und es folgt seinen Instinkten; der Mensch kann seinen Körper auch beherrschen, er kann damit bewußt und gezielt etwas anfangen; für ihn ist der Körper auch gewissermaßen ein soziales Faktum. Unter diesem Aspekt geht es maßgeblich darum, den Menschen in seinen Zusammenhängen und Wechselwirkungen zwischen biohistorischer Entwicklung und dem Lebensraum der Gegenwart, der bestimmend technisch und sozial geprägt ist, zu sehen. Das trifft ganz maßgeblich auch für den alten Menschen zu.

Die gesellschaftliche Gesamtsituation unserer Tage ist progressiv! Aber sie entspricht nicht durchgehend unserem entwicklungsgeschichtlichen Werdegang. Wir sind nicht nur Zeitgenossen und Zeitzeugen, sondern biologisch auch der Steinzeit verhaftet. Der Körper erduldet die Umwelt nicht einfach, sondern er muß sie verarbeiten und verinnerlichen; er stellt Ansprüche an seine Existenz in seinem Lebensraum.

Stabile Körperbefunde entstehen vielfach nicht spontan; sie benötigen eine gerichtete Aktivität, ein bewußtes Verhalten. Sie müssen reproduziert und ständig neu erworben werden.

Friedrich Schiller, der Medizin studiert hat und Arzt war, läßt Wallenstein sagen: „Es ist der Geist, der sich den Körper baut". Zweifellos hatte Prof. Dr. med. Friedrich v. Schiller nicht die bewußte körperliche Aktivierung mit der Zielsetzung der körperlichen Stabilisierung im Sinn, als er einen General diese Worte sagen ließ. Dennoch, klassischer läßt sich das Prinzip der gerichteten leistungs- und gesundheitsbezogenen bewegungsbedingten Anpassungen kaum zum Ausdruck bringen.

Auch der ältere und alte Mensch muß unter den gegenwärtigen Lebensbedingungen freiwillig körperliche Anforderungen übernehmen, damit die physische Konstruktion mit einem sehr hohen Anteil an Muskulatur sich selbst rechtfertigt entsprechend der naturgesetzlichen „Gebrauchsanweisung", die ihr durch die Biogeschichte beigegeben wurde. Dabei kann es namentlich für den alten Menschen nicht die Absicht sein, schwere Arbeit durch schweren Sport zu ersetzen. **Es geht um die adäquate altersgerechte Belastung, nicht um die Überbelastung.** Im Rahmen eines aktiven Lebensstils ist ein regelmäßiges alters- und zustandsabhängiges wissenschaftlich begründetes Training besonders günstig; ein Training, bei dem die Muskelaktivität zur **Steigerung der Tüchtigkeit physiologischer Funktionen sowie zur Erhöhung der Handlungs- und Entfaltungsmöglichkeiten genutzt wird.**

Auch der alte Mensch verfügt über eine weitgehende Wahlfreiheit und Selbstbestimmbarkeit im Umgang mit seinem Körper. Er kann ihn pflegen oder vernachlässigen. Die Entscheidung für ein gesundheitsdienliches Verhalten liegt in der Eigenverantwortung, sie wird durch keine Verordnung erwirkt. Mit einer solchen Entscheidung wird aber nicht nur ein humanes Anliegen, sondern auch ein sozialer Anspruch verwirklicht. Es kann als ein besonderer Glücksumstand betrachtet werden, daß sich bei der Praktizierung eines aktiven Lebensstils im Alter in der Zielsetzung individuelle und gesellschaftliche Interessen in geradezu idealer Weise begegnen.

Der Sport ist nur ein Mittel der Lebensverbesserung im Alter. Er ist kein Mittel gegen alles, und es lassen sich nicht alle Leiden wegtrainieren. Seine Wirkung ist nicht unfehlbar, und er bietet keinen universellen Schutz. Dennoch ist die **regelmäßige körperliche Aktivität das hervorstechendste Mittel, wenn es darum geht, die Gesundheit zu fördern, Krankheiten zu verhindern oder doch zu mildern und die Unabhängigkeit zu erhalten.** Die Muskelaktivität wirkt positiv auf solche zentralen Dimensionen des Lebens wie **Leistungsfähigkeit,**

Funktionstüchtigkeit, Gesundheitsstabilität, Belastbarkeit, Widerstandsfähigkeit, Erholungsvermögen und **Befinden.** Hier übertrifft die angemessene Muskelaktivität alle anderen vertrauten Richtungen des Vorgehens nicht zuletzt deshalb, weil der regelmäßige adäquate Gebrauch des auch noch im Alter massigsten Organsystems alle anderen Organe in erwünschter Weise anregt, weil nachweislich spürbare psychische Effekte bewirkt werden und weil erfahrungsgemäß eine erwünschte Ernährungsweise praktiziert wird.

Für die Optimierung der Bewegung alter Menschen werden immer wieder Rezepte und Patentlösungen erwartet. Die Frage lautet dann: Was ist notwendig, wirksam, risikofrei; was ist richtig, wieviel ist genug? Auf dieses Ansinnen lassen sich sehr wohl Prinzipien formulieren, die sich vom Vorgehen bei jüngeren Menschen abheben und die in jedem Fall Beachtung verdienen. Die Population der alten Menschen zeichnet sich jedoch durch eine außerordentliche Verschiedenheit aus, so daß ein weitgehend individuelles Herangehen geboten ist. Für den einzelnen Alterssportler kann es keine einheitlichen Angaben, keine im Detail genormten und bindenden Empfehlungen, keine starren Sollvorgaben und Reglementierungen geben. Die Anforderungen müssen den eigenen Voraussetzungen angepaßt sein. Es zeigt sich in der Praxis immer wieder, daß eine Gestaltung ohne hinreichendes Eingehen auf individuelle Bedürfnisse zu Frustration, Demotivation und Abwendung führt. Der Alterssport ist im Sinne von Gutsmuths „Arbeit im Gewande der Freude". Übersteigerte Vorgaben, Regeln oder Vorschriften sind nicht „werbewirksam" für den Alterssport. Alterssport muß als willkommene Abwechslung eingebracht werden.

Die Spezifik des Alterssports erfordert die Ausbildung kompetenter Übungsleiter, die die altersgerechten Angebote beherrschen, die sich in den wechselnden körperlichen Defiziten des alten Menschen sachgerecht auskennen und die die vielfach typische psychische Situation zu beurteilen vermögen. Sie haben vertraut zu sein mit den Zielsetzungen des Alterssports, die prinzipiell oder graduell abweichen von denen sog. Allgemeiner Sportgruppen, wenn es um Gesundheit, Leistungsfähigkeit, Belastbarkeit und Erholung, um Erlebnis und Geselligkeit, um Bewegung und Psychoregulation und um Risikoarmut, letztendlich um das Wohlbefinden geht. Eine wichtige Zielstellung des Übungsleiters im Alterssport ist in einer Anleitung zu sehen, die die Befähigung zu selbständigem sachgerechten Sporttreiben verfolgt.

Für den Alterssport wird die Vielseitigkeit gefordert. Nur auf dieser Basis ist, bildhaft ausgedrückt, der Gebrauchswert und die Haltbarkeit des Körpers zu erreichen und die vorbeugende Instandhaltung zu betreiben. Nur über die Vielseitigkeit nimmt man sich der Bereiche des Körpers an, die gegenwärtig die Morbidität und Mortalität bestimmen. Wird jedoch der Blick gerichtet auf die Beschränkungen der körperlichen Kompetenz und auf den möglichen Kontrollverlust im Alltagsleben, so sind die Beine und die Hände bestimmend. Daraus leiten sich weitere wesentliche Schlußfolgerungen für den Alterssport ab. Bei den Beinen (und die Füße gehören dazu) ist es vorrangig die Ausstattung mit der Kraft, die den Anforderungen des Alltags Rechnung trägt und die den oftmals folgenschweren Stürzen vorbeugt. Zuverlässige Beine im Alter, die das Leben erleichtern und sicherer machen, sind angemessen kräftig und reaktionsschnell. Der Wegbereiter eines solchen erwünschten Zustandes ist ganz maßgeblich der Alterssport. Die Hände benötigen ebenfalls Kraft, aber vor allem Beweglichkeit und Geschicklichkeit. Ein solches Leitbild scheint weniger in die Zuständigkeit des Sportes zu fallen. Aber das Ballspiel kann hier Vorteile bringen. Der Übungsleiter sollte unbedingt um die Bedeutung der Geschicklichkeit im Alter wissen und möglichst vielfältige handbezogene Ansätze im praktischen Sportbetrieb suchen.

Es geht beim Alterssport um **den Willen und die Motivation zur Aktivität**, um einige Kenntnisse über das praktische Herangehen und um Gelegenheiten zum Sporttreiben. Bei Anfängern ist das Interesse zu wecken, es sind Bedürfnisse herauszubilden und schließlich Gewohnheiten zu stabilisieren. Am Anfang steht zumeist das Gesundheitsmotiv, später treten Freude und Spaß an die erste Stelle. Der Alterssport hat eine objektive und eine subjektive, eine rationale und eine emotionale Seite; er muß einen nachhaltigen Erlebniswert haben. Der Alterssportler muß sich auf die Aktivität oder die Trainingseinheit freuen. Die Einstellung zur Aktivität bildet sich in der Tätigkeit, und nur so wird die Aktivität zur Verhaltensnorm und zur Bereicherung des Lebens.

Es ist im Alterssport nicht anders als in zahlreichen vertrauten Lebensbereichen: Die Freude an der Sache und der Erfolg machen den Wiederholungstäter. Der Alterssport wirkt aber nur in der Stetigkeit; der Effekt hängt ab von der „Therapietreue". Der Übungsleiter hat in diesem Sinne auch Werbepsychologe zu sein; er muß eine Einstellung erzeugen, die auf ein aktives Verhalten hinsteuert. Bei geschicktem Herangehen wird der Alterssport zu einem Prozeß, der sich selbst unterhält und stabilisiert („Es ist einfacher, aus einem Nichtsportler einen Sportler, als aus einem Sportler einen Nichtsportler zu machen.").

Besondere Aufmerksamkeit muß der sog. Gewinnungsproblematik zugewandt werden. Die freiwillig gewollte körperliche Aktivität ist bei alten Menschen noch nicht die Norm. Auch auf einleuchtende Argumente wird oftmals noch mit „ich bin völlig unsportlich“ reagiert. Sicher ist, daß Kenntnisse und Einsichten allein nur selten zur Verhaltensänderung führen. Auch kann der Sportbegriff irritierend wirken. Es geht um einen aktiven Lebensstil; nachdrücklich zu empfehlen sind allerdings die organisierten Formen des Alterssports, weil ziel- und kunstgerecht zur Sache gegangen wird und weil Geselligkeit und Kommunikation den privatistischen Tendenzen vieler alter Menschen entgegenwirken. Drei Möglichkeiten haben sich in der genannten Reihenfolge bei der Heranführung an das regelmäßige organisierte Sporttreiben bewährt:

- Familienmitglieder, Nachbarn, Freunde u. ä., die sich bereits am Sporttreiben beteiligen, fordern auf mitzukommen.
- Der Hausarzt rät zu systematischer Aktivierung.
- Mitteilungen in den Medien erreichen den alten Menschen.

Mit ansteigendem Lebensalter werden die Menschen hinsichtlich ihrer Belastbarkeit zunehmend verschiedener. Daraus folgt, daß bei der sportlichen Belastung individuell bzw. für jeden risikoarm vorgegangen werden muß. Aber auch der alte Mensch bleibt im Rahmen seiner Voraussetzungen belastbar! Auf die mitunter vorgebrachte These „wer nichts macht, kann nichts falsch machen“, muß nicht eingegangen werden; es ist falsch, nichts zu machen! Oft genug werden Ausreden gesucht, oder es mangelt an Entscheidungswillen.

Auch der sportliche Beginn im Alter verspricht noch einen guten Schutz. Da die Ausgangssituation oftmals ungenügend ist und die Ausgangswerte besonders niedrig sind, ist vielfach sogar mit einem besonders großen Gewinn zu rechnen, weil relativ kurzfristig körperliche und psychische Begrenzungen hinausgeschoben werden können. Auch ein alter Mensch kann z. B. noch Muskelkater bekommen. Es gilt in der Tat das Prinzip „Es ist nie zu spät."

Unter diesem Aspekt sei auf die Erfahrung verwiesen, daß alte Menschen nach längerer Bettruhe regelrecht erst wieder laufen lernen müssen. **Auch der alte Mensch bleibt trainierbar, d. h., seine Muskeln und alle weiteren Organe bleiben adaptabel an Bewegungsreize.**

Selbstverständlich ist der Alterssport mehr als Bewegung, die die Atrophie der Muskulatur und die ihrer „Vertragspartner" aufhält (Herz, Kreislauf, Atmung, Stoffwechsel usw.), welche als „rückwärtige Dienste" die Versorgung der tätigen Muskeln sicherstellen und davon selber profitieren. **Alterssport bedeutet ebenso Selbstwahrnehmung, Körperkenntnis, Kosmetik, Selbstwert und auch Kommunikation, Geselligkeit, Wohlbefinden und damit letztendlich auch auf diesem Wege Autonomie und Unabhängigkeit.**

24 Literatur

Baumann, H. (Hrsg.): Altern und körperliches Training. Huber, Bern 1992

Goßner, E. (Hrsg.): Krankheit und Sport. Georg Thieme, Stuttgart-New York 1983

Israel, S.; A. Weidner: Körperliche Aktivität und Altern. J. A. Barth, Leipzig 1988

Israel, S.: Muskelaktivität und Menschwerdung – technischer Fortschritt und Bewegungsmangel. Sport und Sportwissenschaft Bd. 7. Academia Verlag, Sankt Augustin 1995

Lang, E.; K. Arnold (Hrsg.): Altern und Leistung. Referate der 4. Informationsmedizinischen Tage in Hamburg. Enke, Stuttgart 1991.

Meusel, H.: Sport, Spiel, Gymnastik in der zweiten Lebenshälfte. Limpert, Bad Homburg 1982

Meusel, H.: Sport ab 40: Aktiv für Fitness und Gesundheit. Rowohlt, Reinbek 1988

Muravov, I. V.: Körperkultur und aktives langes Leben. Znanie, Moskau 1979 (russ.)

Prokop, L.; N. Bachl: Alterssportmedizin. Springer, Wien-New York 1984

Rost, R.: Sport und Bewegungstherapie bei inneren Krankheiten. Dt. Ärzteverlag, Köln 1991

Schmidt, H.: Orthopädische Grundlagen für sportliches Üben und Trainieren. J. A. Barth, Leipzig 1988

Skinner, J. S. (Hrsg.): Rezepte für Sport und Bewegungstherapie. Deutscher Ärzte-Verlag, Köln 1989

25 Sachwörter